하나님의 말씀을 사랑하는 것이 무엇이며,
제자들을 사랑하는 것이 무엇이고,
주의 종으로 사랑하고 섬기며 사는 것이
무엇인지 삶으로 본을 보여 주신
나의 스승 고(故) 구제남 목사님께 이 책을 바칩니다.

www.daejanggan.org

이단대처를 위한
진검승부

지은이	김주원
초판발행	2010년 3월 8일
초판5쇄	2011년 5월 4일

펴낸이	배용하
책임편집	박민서
등록	제364-2008-000013호
펴낸곳	도서출판 대장간
	www.daejanggan.org
	대전광역시 동구 삼성동 285-16
	전화 (042) 673-7424 전송 (042) 623-1424
박은곳	경원인쇄
ISBN	978-89-7071-175-1

이 책은 저작권법에 의해 보호를 받는 출판물입니다.
기록된 형태의 허락 없이는 무단 전재와 복제를 금합니다.

 값 7,000원

이단대처를 위한
진검승부

김주원 지음

이단은 예방이 최선입니다

　최근 한국교회는 이단들의 기승이 그 어느 때보다 심한 상황을 맞고 있습니다. 교회에 침투하여 교묘한 거짓말로 성도들의 영혼을 짓밟는 일을 자행하고 있습니다. 대학 캠퍼스에서는 큐티모임이나 봉사활동을 하는 건전한 선교단체로 가면을 쓰고 젊은이들의 영혼에 돌이킬 수 없는 상처를 남기게 합니다.

　젊은 시절에 이단에 빠지게 되면 한 인생이 송두리째 망가지게 됩니다. 필자가 이단과의 재판과정 중에 있을 때 이단에 빠져 있었던 한 청년의 진술서를 받게 되었습니다. 이 청년은 대학입학을 앞둔 시점에 이단에 빠져 공부할 기회를 모두 놓치고, 이단단체의 건물을 짓는 노역에 몇 년간 동원되었습니다. 그리고 이단에 소속된 선배가 이 단체에 대해 의심하자 분노하여 흉기로 선배에게 상해를 입히기까지 했습니다. 그 일로 인해 이단에서 빠져나오게 되었지만, 한창 꿈을 갖고 자라야 할 청년의 모든 때를 다 놓쳐 사회에 적응조차도 힘들었으며, 마음의 상처와 분노로 큰 고통 속에서 지내고 있었습니다.

　청년의 때에 이단에 빠지면 인생 전체가 고통을 당하게 되며, 부모와 가족들의 가슴에 피멍을 들게 합니다. 그래서 이단은 예방이 최선입니다. 교회에서나 캠퍼스에서나 개인적으로나 공적으로 할 것 없이 이단들의 교묘한 속임수와 그들의 잘못된 교리들을 먼저 가르쳐 예방하게 해야 합니다.

제자들 선교회 김주원 간사님의 '진검승부'는 캠퍼스에 있는 학생들에게 이단에 대한 경각심과 예방을 하게 하는 좋은 책입니다. 본서는 저자가 오랫동안 캠퍼스에서 이단강의와 상담을 통해서 정리한 내용으로 이해하기 쉬우면서도 정확하게 복음을 설명하고 있습니다. 특히, 사례들 중심의 설명과 근본적인 교리와 내용설명을 병행하고 있어 대학생들이 쉽게 읽고 이해하도록 집필되었습니다.

본서가 캠퍼스와 한국교회 청년 대학생들에게 이단척결의 도구로 쓰일 뿐 아니라, 예방사역을 통한 청년들을 강한 그리스도의 군사로서 쓰임 받을 수 있게 되리라 생각하며 기쁜 마음으로 추천합니다.

오 정 호 목사
대전새로남교회 담임
충청대전학원복음화협의회 공동대표
대전광역시 이단사이비 대책 위원회 위원장

추천사_2

강력한 무기가 됨을 믿어 의심치 않는다

이단 관련한 사역 중 중요한 한 가지는 사람들을 만나는 일이다.
故 탁명환 소장 소천 이후 16년 동안 하루도 쉬지 않고 공적, 사적인 일들로 매일 얼마나 많은 사람을 만났는지.

그 불특정다수의 사람들과 '기독교'와 '한국교회', 그리고 '이단'에 대해 이야기하다 마음이 조금이라도 맞을라치면 하나님께서 다 이겨놓은 싸움의 마침표의 '열 사람의 한 걸음'을 다짐하곤 했었다.

그러다 DFC란 선교 단체를 알게 되었고, 그 안에서 김주원 간사를 만나게 되었다. 오랜 시간 그와 교제하며 그의 힘찬 열정(특히 이단 관련한)을 보며 좋은 동역자가 될 수 있겠다 싶은 마음이 있었으나, 아울러 잠시의 교제일 수도 있겠다 싶었는데 늘 한결같은 맘과 이단에 대한 끊임없는 관심으로 다른 이들에게선 쉽게 볼 수 없는 잔잔한 감동을 안겨주었다.

그가 열심히 수고하고 또 경험하며 만든 이 책이 한국교회에(특별히 청년들에게) 꼭 필요하고 중요한 강력한 무기가 됨을 믿어 의심치

추천사_2

않는다.

몇 안 되는 근사한 사역자 중 하나인 김주원 간사, 존경하고 사랑하는 이가 간절한 마음으로 기도하고 열심히 작업한 책이 출간되었으니 어찌 기뻐하지 않을 수 있고, 또 추천하지 않을 수 있겠는가.

여호와 닛시!

탁 지 원 소장
월간 현대종교
국제종교문제연구소

추천사_3

진리는 하나이기 때문에 종종 가짜가 등장한다

　기독교 진리에서 벗어난 가짜 기독교를 우리는 이단이라고 한다. 한국교회는 20세기 세계 선교 역사상 가장 놀라운 성장을 이룩하였는데 그와 함께 이단들도 다양한 모습으로 등장하였다. 사실 이단은 기독교 초창기부터 존재해왔다. 그리고 이단들은 역사적으로 존재했던 몇 가지 특징의 범주를 크게 벗어나지 못하고 반복적으로 나타나는 것을 알 수 있다. 이것은 이단의 발흥이 이단 자체의 힘이 있어서라기보다는 이단이 등장할 수 있는 토양이 형성되기 때문이라고 말할 수 있다. 그런 면에서 이단의 등장에 대한 교회의 책임을 깊이 인식해야 할 것이다.

　이 책을 쓴 김주원 선교사는 캠퍼스에서 젊은이들에게 복음을 전하고 제자로 양육하는 복음 사역에 헌신하여 20년 가까이 DFC(제자들 선교회)에서 활동하면서 캠퍼스의 젊은이들과 교회에 파고드는 여러 이단의 교묘한 수법을 가장 가까이에서 직접적으로 경험한 사람이다. 그러한 그가 자신의 경험을 토대로 하여 이단에 대해 이해할 수 있도록 성경적으로 또한 신학적으로 잘 설명하였기에 누구든지 이 책을 읽고 자신의 신앙을 점검하며 이단으로부터 자신과 교회를 지키고 이단에 빠진 사람들을 효과적으로 상담해줄 수 있는 능력을 갖출 수 있게 되리라 믿는다.

    이 책은 일반 성도들은 물론이고, 현장에서 영혼 구령에 힘쓰는 복음 전도자들과 목회를 준비하는 신학생 그리고 전문 목회자들에 이르기까지 모두가 읽어야 할 소중한 책이라고 생각한다. 모든 성도가 이 책을 통해 복음으로 든든히 무장하여 복음을 왜곡시키고 교회를 어지럽히는 이단들과 "진검승부"를 겨루어 승리하게 되기를 바란다.

이 명 희 Ph.D.
전 한국복음주의실천신학회 회장
현 침례신학대학교 교수

통쾌! 명쾌! 상쾌!

통쾌하다!

첫 장부터 시작해서 백 미터 선수처럼 단숨에 끝 페이지까지 읽고 달렸다. 우리가 믿는 예수 그리스도와 복음보다 더 우위에 있다고 주장하는 사람들에 대한 명확한 답변서이며, 회개하고 돌아오라는 선전 포고이며, 항복을 원하는 경고문 같은 글이다. 목검 승부도 아니고 진검승부라 하니 더더욱 통쾌하다. 한국교회를 무너뜨리고 순결한 신앙을 더럽히는 무리에 대해 진리의 칼로 베어버릴 것 같은 확고한 목표가 있어서 좋다. 거짓을 낱낱이 드러내고 밝혀내어 속이 시원하다. 정통 기독교 신앙에 도전하는 이단 종파들에 대하여 단호하고 분명하게 생명의 칼을 들고 진검승부를 하자고 말하는 저자의 말씀에 대한 확신과 진리의 온전함에 압도 감을 느낀다.

명쾌하다!

복잡하게 이야기하고 논리를 꼬아서 아는 체하는 이론서가 아니라 진리의 전쟁에 필요한 핸드북이며 실전서이다. 이단들의 집요한 활동과 음흉한 음모를 구체적이고 상황에 대한 명쾌한 예화와 함께 어떻게 이길 수 있는지를 말한다. 서론 본론 결론을 장황하게 말하는 논문

집이 아니라 불변하는 말씀의 교범서이다. 무너지는 둑을 막는 어둡 잖은 대응이 아니라 성령 안에서 확신에 가득 찬 적극적인 설득이다.

상쾌하다!
그리스도가 없는 사람들을 향한 저자의 애정 가득한 숨길이 느껴지고 적개심이 아니라 바른 복음으로 돌아오라는 탕자 아버지의 마음이 와 닿는다. 한국교회와 캠퍼스에서 복음을 지키고 전하는 모든 이들에게 꼭 보고 읽고 함께 해야 할 이단종파에 대한 신학적인 이해와 실제적인 대응이 있고 영혼사랑에 대한 아픔과 한탄이 있는 사랑의 깊은 마음을 담은 책이어서 읽어도 불쾌함이 아닌 허브향 같은 상쾌함이 있다.

"너희 마음에 그리스도를 주로 삼아 거룩하게 하고 너희 속에 있는 소망에 관한 이유를 묻는 자에게는 대답할 것을 항상 예비하되 온유와 두려움으로 하고"_벧전 3:15

독자들이여! 꼭 읽어보시라! 옆구리에 진검을 차고 악한 영을 베어버릴 작정으로 읽으시라.

윤 태 호 목사
예수제자운동(JDM) 대표

정확한 이단의 식별과 대처방법이 필요하다

건강한 교회 목회와 캠퍼스 사역의 활성화를 방해하는 요소가 여러 가지가 있으나, 그중에서 가장 큰 것은 교회나 선교회의 조직 속에 교활한 방법으로 위장 침투하는 이단입니다. 그들은 거짓과 위선의 탈을 쓰고 교회나 선교회에 침투하여 영혼을 약탈하며, 교회의 조직에 상처를 주고 가정을 파괴하려고 혈안이 되어 있습니다. 그들은 자기를 의의 일꾼으로 가장하고 감언이설과 공교한 말로 성도들을 유혹합니다.

이단을 물리치고 그들로 말미암은 피해를 예방하려면 정확한 이단의 식별과 대처방법이 필요합니다. 대장간출판사에서 출간한 '진검승부'는 교회와 선교회에 위장 침투하는 이단을 색출하고 대처하는 지혜가 담겨 있습니다. 저자는 여러 해 동안 교회와 선교단체에서 이단을 색출하고 대처하는 사역을 효과적으로 했습니다.

이 책은 경건한 교회의 목회와 Campus 선교의 효과적인 사역에 힘쓰는 선교사와 이단으로부터 가정의 평안을 지키고자 하는 성도들에게 매우 유익한 책입니다.

진 공 열 목사
전 제자들 선교회(DFC) 대표
현 제자들 선교회(DFC) 대전지구 대표

목 차

추천사   8
머리말   19

01 율법주의 이단과 진검승부하라! _ 23

01_ 진검승부(眞檢勝負)   25
02_ 함부로 이단이라고 말하면 안 된다.   27
03_ 이단이란 무엇인가?   29
04_ 진리와 진실   35
05_ 평범한 것이 비범한 것이다.   37
06_ 안식일을 지켜야 구원받을 수 있다?   42
07_ 율법! 이것이 문제로다   45
08_ 왜 바리새인은 예수님을 싫어했을까?   49
09_ 바리새인 니고데모를 아십니까?   53

02 무율법주의 이단과 진검승부하라! _ 57

10_ 예수 믿으면 회개할 필요 없습니까?   59
11_ 예수 믿어도 회개는 필요합니다.   60
12_ 죄인 중에 괴수. 바울은 구원받지 못했나요?   63
13_ 구원받은 날짜를 기억해야 구원받나요?   65
14_ 죄와 범죄는 다른 것입니까?   67
15_ 깨달아야 구원받습니까?   71
16_ 교회에서 가장 듣기 싫은 질문 아닙니까?   75
17_ 잘할 수 있는 것과 잘할 수 없는 것   85

03 영지주의 이단과 진검승부하라! _ 87

18_ 그것이 알고 싶다. 전남대 기독교 동아리 제명사건! 89
19_ 왜 한글 성경만 보나요? 91
20_ 자기가 보혜사(保惠師)라구? 92
21_ 성령님 고맙습니다. 99
22_ 창피합니까? 괜찮습니다. 103
23_ 말씀 중심인가요? 행사 중심인가요? 106
24_ 청년부 활동 열심히 하고 싶어요. 107
25_ DFC? 이단 아닌가요? 108
26_ 천만큐티운동본부에서 나왔습니다. 110
27_ 저는 모퉁이돌 선교회 일본 파송 선교사입니다. 111
28_ 그렇게 해서 구원받을 수 있겠어? 113
29_ 언제 우리에게 성경을 가르쳐 주었어요? 115
30_ 말씀에 짝이 있다? 117
31_ 야산 VS 식물원 125

부 록 _ 129

01_ 사이비 이단들의 학원침투 사례 131
02_ 그 이름 예수 143
03_ 씨 뿌리는 비유 149
04_ 자라나는 씨의 비유 161

머리말

돌팔이를 사용하시는 하나님

나의 가장 큰 후원자는 아버지다. 그런데 아버지를 가장 실망시켜 드린 일이 있었다. 대학을 졸업하고 캠퍼스 선교사역을 하는 간사가 되겠다고 말씀드렸다. 아버지는 "할 일이 없어서 그런 일을 하느냐?"라고 화를 내셨다. 그리고 서운한 마음이 너무 크셨든지, 나를 '돌팔이'라고 불렀다. 이유는 간단하다. 일반적으로 사역하는 사람은 신학교 출신인데, 나는 신학공부를 하지 않고 사역을 한다고 하니 정통 사역자가 아니라고 생각하신 것이다. 아버지는 차라리 신학대학원에 가라고 하셨다. 그래도 아버지께서 여력이 있는 동안 뒷바라지를 해 주겠다고 하셨다. 그렇게 말씀하시는 아버지의 마음을 모르는 것은 아니었다. 처음에는 '돌팔이'라는 말에 기가 죽었다. 명절이 되면 친척들은 한마디씩 했다. "어떻게 먹고 살래?" 그렇다고 친척들이 나를 도와준 건 아니다. 그래서 이것 때문에 고민을 많이 했다. 지금이야 지나간 일들이지만 이 일이 어찌 내게만 해당할까? 나보다 먼저 캠퍼스 선교사역을 시작한 선배들이 그랬을 것이고, 또 새내기 간사가 지금 겪는 일일 것이다. 캠퍼스 선교사역을 하는 사람이라면 누구나 한 번쯤은 겪게 되는 일이라고 생각한다. 그러나 내가 정말 하고 싶었던 일이 캠퍼스 선교사역이었다. 그래서 졸업과 동시에 간사훈련을 받았다. 그리고 광주광역시에서 캠퍼스 사역을 본격적으로 시작하였다.

하루는 무등산에 올라가서 기도했다. "하나님. 저도 신학교가서 전도사도 되고, 목사도 되면 아버지도 좋고, 나도 좋고, 저를 만나는 사람도 좋지 않겠습니까?"라고 말했다. 하나님은 내가 불쌍했던지, 나에게 이렇게 말씀하셨다. "내가 너를 무엇을 하는 사람으로 불렀느냐?" 나는 대답했다. "예. 캠퍼스 전도자로 불렀습니다." 다음과 같이 말씀하셨다. "내가 너를 부른 그 부름에 합당하게 생활해라. 그리고 네가 나에게 구한 것은 너에게 필요할 때에 주겠다." 그때 내 마음은 너무나 시원했다. 그날 이후로 더는 신학교 가는 문제를 가지고 고민하지 않았다. 신학연수를 할 수 있는 시기가 되면서 몇몇 동료 간사들은 신학 공부를 하려고 지원서를 냈다. 나 역시 신학을 공부할 수 있다는 허락을 받았다. 여전히 관심이 많던 아버지는 "이제 제대로 공부하겠구나."라고 생각하셨다. 그런데 아무리 생각하고 생각해도 나는 그럴 수 없었다. 하나님이 나에게 하신 말씀이 있었기 때문이다. 내가 공부하러 간다면 하나님과의 약속을 깨는 것이기 때문이다. 내 평생에 신학교를 다닌 경험이 없어도 좋지만, 하나님과의 약속은 절대 깨지 않기로 했다. 그렇게 해서 구 년이 지난 어느 날 금식할 마음을 주셨고, 삼일을 금식하였다. 금식이 끝나는 날, 내 마음에 하나님의 음성이 들렸다. "주원아. 너에 대한 테스트가 모두 끝났다." 순간 너무 놀랐다. 그리고 나는 그것이 무슨 말인지 알았다. 그 이후 신학대학원에 진학하여 공부했다.

내가 사역하는 광주광역시에는 많은 이단이 있다. 그리고 대학 안에도 여러 이단이 활동하면서 청년들을 미혹하는데 혈안이 되어 있다. 어쩌면 내가 이단에 대해 관심을 두게 된 동기가 이런 상황에 있었기 때문인 것 같다. 사실 나는 기독교 이단을 전문적으로 연구하던 사람이 아니다. 더 정확하게 말하면 관심이 없었던 사람이라고 해야 할 것이다. 그런데 어느 날 기독교 이단에 대해 강의해달라는 요청이 왔고, 그렇게 해서 이단에 대해 관심을 두게 되었다. 그것이 계기가 되어 여러 교회, 대학 그리고 선교단체에서 강의하게 됐다. 어느 순간부터 그동안 캠퍼스에서 경험한 내용을 가지고 이단에 대해 책을 쓰고 싶은 마음이 생겼다. 그러는 중에 대장간 출판사 배용하 사장님의 권유가 있었고, 이렇게 책을 쓰게 되었다. 내가 바라는 것은 나와 같이 신앙에 대해 깊이 고민하는 청소년, 청년 그리고 오랫동안 신앙생활을 했지만, 여전히 신앙문제로 고민하는 사람들에게 도움이 되는 것이다. 책이 나오기까지 함께 해준 사랑하는 제자들선교회(D.F.C.) 간사들과 제자들에게 감사를 표한다. 또 아버지를 비롯해 책을 쓸 수 있도록 시간을 배려해준 가족들에게 고마움을 전한다. 지금까지 캠퍼스 선교사역을 해 올 수 있도록 기도와 물질로 후원해 준 사랑하는 동역자, 내 신앙의 모판이 된 성화 그리스도의 교회 그리고 대구 새빛침례교회 박상재 목사님과 교우들 모두에게 감사를 드린다. 바쁜 가운데서도 교정을 봐준 오수경 간사에게 감사를 드리며, 끝으로 이 책이 나올 수 있도록 힘써 준 대장간의 배용하 사장님과 직원들께 감사의 인사를 전한다.

김 주 원

1부
율법주의 이단과 진검승부하라!

1 진검승부(眞檢勝負)

어느 날 광주 학원복음화협의회 총무 목사님으로부터 연락을 받았다.

"간사님. 이번 청년 연합 여름수련회 때 이단특강을 맡아주세요."

"예? 제가요? 목사님 제가 뭐 아는 게 있다고 이단특강을 합니까? 전문가를 찾아보세요."

"아니 그러지 말고 준비해서 강의해 주세요."

몇 번의 실랑이 끝에 도저히 거절할 수가 없어 부탁을 받아들였다. 나는 가지고 있던 이단 자료집과 서점에서 산 책들을 보고 강의안을 만들었다. 그리고 수련회에 갔다. 전문가는 아니지만, 열심히 강의를 했다. 한 시간 정도 강의를 했는데, 목사님 한 분이 다가와서 도전을 받았고, 꼭 필요한 특강이었다고 말해 주었다. 그리고 자신이 사역하는 교회에 초청하겠다는 말을 했다. 나는 감사하다고 대답했지만, 속으론 기대하지 않았다. 의례 인사로 그렇게 한다고 생각했기 때문이다.

그 후 강의를 요청하겠다던 목사님에게서 정말 연락이 왔다. 청년부 모임이 있는 주일에 강의해 달라는 것이었다. 강의가 유익했던지 그 교회에서 몇 번을 더 강의하게 되었다. 주일 저녁에 전 교인을 대상으로 특강을 하게 되었다. 강의가 끝나고 강사실에 앉아 있었다. 잠시 후 담임 목사님이신 손 목사님이 들어오셨다. 수고했다고 격려해 주시면서 자신은 한국대학생선교회C.C.C. 총재이신 김준곤 목사님의 제자라고 말씀하셨다. 알고 보니 내가 강의했던 교회는 김준곤 목사님이 목회하셨던 광주 양림교회였다.

나는 그날 이후로 본격적인 이단강의를 하게 되었다. 이단이라는 것에 대해서 관심도 없고, 지식도 없던 나는 마치 급물살에 휩쓸려 떠내려가는 것과 같이 사람들에게 이단을 경계하라고 강의를 했다. 그리고 이단에 빠진 사람을 만나서 상담도 했다. 시간이 지날수록 이단에 대해서 더 알게 되었고, 내게 큰 유익이 되었다는 것을 나중에 깨달았다. 그리고 여러 가지 교훈을 얻었는데 그중에서도 이단들의 현상을 알고, 동향을 파악하는 것보다 훨씬 중요한 것이 있다는 것을 알게 되었다. 그것은 나 자신의 신앙을 위해서나 또 이단에 미혹된 사람들에게 잘못되었다는 것을 깨닫도록 하려면 말씀에 익숙한 사람이 되어야 한다는 것이다. 왜냐하면, 우리가 잘 아는 것처럼 이단들은 성경 배우는 일을 열심히 한다. 그래서 성경은 믿음의 사람들이 하나님의 전신갑주로 무장을 해야 한다고 말하고 있다.

> "끝으로 너희가 주 안에서와 그 힘의 능력으로 강건하여지고 마귀의 간계를 능히 대적하기 위하여 하나님의 전신 갑주을 입으라 우리의 씨름은 혈과 육을 상대하는 것이 아니요 통치자들과 권세들과 이 어둠의 세상 주관자들과 하늘에 있는 악의 영들을 상대함이라 그러므로 하나님의 전신 갑주를 취하라 이는 악한 날에 너희가 능히 대적하고 모든 일을 행하고 서기 위함이라 그런즉 서서 진리로 너희 허리띠를 띠고 의의 호심경을 붙이고 평안의 복음이 준비한 것으로 신을 신고 모든 것 위에 믿음의 방패를 가지고 이로써 능히 악한 자의 모든 불화살을 소멸하고 구원의 투구와 성령의 검 곧 하나님의 말씀을 가지라"
> _엡6:10~17

사도 바울은 에베소교회 성도들을 향해 전신갑주를 취하라고 말했다. 전신갑주를 취하는 것은 전쟁을 대비하려는 것이다. 바울은 에베소교회 성도들에게 보이지 않는 세계와의 전쟁 즉 영적 전쟁이 있다고 가르쳤다. 그중에 성령의 검은 하나님의 말씀이라고 했다. 검은 누구 손에 들려 쓰이느냐에 따라 흉기가 되기도 하고, 유익한 도구가 되기도 한다. 이단으로부터 교회를 지키고, 제자들을 보호하려면 성령의 검, 즉 하나님의 말씀에 능한 사람이 되어야 한다. 아이들이 나무로 된 검을 가지고 훈련하는 것을 보았다. 목검훈련은 연습을 위해서는 얼마든지 가능하다. 그러나 실재 전쟁에서는 목검이 아닌 진검으로 승부를 내야만 한다. 마찬가지로 이단과 만나게 되는 것은 연습이 아니라 실전이다. 영적 전쟁터에서 목검으로 승부를 겨루는 것이 아니라 우리는 진검으로 승부를 겨뤄야 한다. 그 진검은 다름 아닌 성령의 검 곧 하나님의 말씀이다. 무딘 검을 가지고 전쟁터에 나가는 것은 무모한 일이다. 그리고 항상 준비되어 있도록 훈련이 필요하다. 제자훈련은 말씀을 배우고 깨달아 알며, 그것을 삶 속에서 실천하는 것이다. 단순한 성경공부 과정이 아니며, 특정한 커리큘럼을 이수하는 것도 아니다. 이제 이 땅의 교회와 성도들이 성령의 검으로 악의 세력을 멸하는 능력이 있길 간절히 바란다. 이단들이 더는 넘보지 못하는 강력함이 있기를 소망한다. 그 역사적인 현장에서 이 책을 읽는 당신이 전신갑주로 무장한 주인공이 되길 바란다.

2 함부로 이단이라고 말하면 안 된다.

사촌형이 영화를 보여 준다고 해서 따라갔다. 그런데 영화관이 아닌 어느 큰 교회로 데리고 갔다. 이단 특강을 하려고 강사가 앞에 서 있었다. 지금은 돌아가신 탁명환 목사님이었다. 이단이 무엇인지도 모르던 나는 그날 우리나라에 있는 이단에 대해서 듣게 되었다. 그런데 이단의 특징 중 하나가 사도신경을 하지 않는 것이라는 말에 나는 심각해 졌다. 그때까지만 해도 내가 다니던 교회는 예배시간에 사도신경을 외우지 않았다. 그래서 교회를 처음 방문하는 사람들은 이상하게 생각했고, 심지어 이단일지도 모른다는 생각에 다시는 교회에 오지 않았다. 이런 어려움을 겪고 있던 우리 교회 목사님은 어느 날부터 사도신경을 예배순서에 넣었다. 그러나 내가 어려서부터 다닌 교회의 어려움은 이것만은 아니었다. 나는 대전에 있는 성화 그리스도의 교회라는 곳을 다녔다. '그리스도의 교회' Church of Christ라는 곳을 처음 들어보는 사람도 있을 것이다. 주위 사람들에게 내가 다니던 교회를 말하면 항상 빠지지 않고 나오는 말이 있었다.

"성화교회라고요?"

"예. 성화교회입니다."

"그거 통일교 아닙니까?"

우리 교회 옆에 통일교가 있었는데, 교회 이름이 똑같았다. 또 내가 전도사로 사역하고 있을 때 중년 부부가 교회를 방문한 적이 있었다.

"혹시 여기가 그리스도 교회 맞습니까?"

"예. 맞는데요."

"그럼 여기가 외국인이 많이 다니는 교회죠?"

나는 처음에 무슨 말인지 몰랐다.

"예? 저희 교회는 외국 사람이 한 명도 없습니다."

조금 후에 생각해보니 몰몬교를 말하는 것이었다. 몰몬교를 '말일성도 그리스도교회' 혹은 '후기 성도 그리스도교회' 라고 하기 때문이다.

"선생님. 그곳은 '그리스도교회' 입니다. 저희는 '그리스도의 교회' 이고요."

목사님도 훌륭하시고, 정말 좋은 교회지만 다른 사람들이 선입견을 품고 보기 때문에 그것이 너무 싫었다. 비단 나만의 고민은 아니었다. 부모님 세대의 성도들도 항상 그런 오해를 받으며 신앙생활을 했다. 또 나의 선후배들도 그랬다. 더 안타까울 때는 내가 학생부 전도사로 섬겼을 때였다. 우리 학생들은 학교에서 교회를 다니는 친구들을 만나서 대화하면 똑같은 말을 들었다.

"너희 교회 이단아냐? 장로교회도 아니고 감리교회도 아니고 그리스도의 교회라고?"

학생들은 나에게 와서 친구들이 자신에게 한 말을 전해주었다. 내 제자이면서, 교회 후배인 학생들이 이런 어려움을 겪는 것을 보면서 가슴이 아팠다. 나는 헌신예배 설교 시간에 우리 학생들이 학교에서 겪는 일을 전해주었다. 이 말을 듣고 있던 어른들은 자신들이 당하던 어려움을 학생들도 받고 있다는 말에 안타까워 했다. 우리 모두가 조심해야 할 것이 있다. 그것은 우리 주변에 있는 교회가 내가 다니는 교회와 조금 다르다고 해서 함부로 판단하는 것은 위험한 일이다. 또 우리와 신앙 생활하는 모습이 조금 다르다고 해서 쉽게 이단이라고 말하는 것은 상대방에게 큰 상처를 줄 수 있다.

3 이단이란 무엇인가?

이단은 건전한 신앙생활을 하는 사람들에게 독이 된다. 왜냐하면, 하나님의 진리를 왜곡하여 개인의 삶뿐만 아니라 가정, 교회 그리고 사회를 혼란케 하기 때문이다. 성경에서 이단은 '하이레시스'로 쓰여 있다. 본래 이 말은 '학파 또는 선택'이라는 의미로 사용되었다. 사두개파, 에세네파, 바리새파라고 할 때 '파'라는 의미로 '바른 교훈'에서 벗어난 '다른 교훈'을 의미하는 말로 사용되었다.[1] 우리가 사용하는 한글 성경은 헬라어 '하이레시스'를 이단으로 번역하였다. 이단을 직역하면 '끝이 다르다'는 뜻이다. 똑같이 성경을 가지고 시작하지만 결국 끝에 가서 달라진다는 말이다.

역사적으로 이단은 성경해석 방법과 정경화하는 과정도 달랐다. 대부분의 이단은 교회가 받아들이는 보편적이고 대중적인 문서가 아닌 소수의 집단에서만 선호하는 문서들을 사용했다. 또 이단에 미혹된 사람의 특징 중 하나는 열성적이라는 것이다. 다른 사람들의 눈에 보일 때는 열성적으로 봉사와 전도를 하고, 성경연구에도 대단한 열정을 가지고 있다. 많은 사람이 이런 모습을 보고 이단에 미혹되는 경우가 많다. 그러나 눈에 보이는 것이 전부가 아니다. 정통과 이단에 대한 더 확실한 구분이 교회 역사 속에서 나타난다. 차종순 교수는 다음과 같이 말하고 있다.

> "그렇지만, 이단들은 박해 때에 스스로 순교한 사례를 찾아볼 수 없다는 점에서 매우 흥미로운 사실을 알 수 있으며, 박해를 통해서 이단의 모습들이 점차 드러나기 시작하였다."[2]

우리 주변에 많은 이단이 있다. 그러나 성경에서 말한 대로 해 아래 새것이 없다. 우리가 만나는 대부분의 이단은 교회의 역사 속에서 등장했던 이단들의 주장을 반복하고 있을 뿐이다.

첫째, 율법주의가 있다. 이들의 주장은 율법을 지켜야만 구원을 받을 수 있다는 것이다. 율법에 관한 문제 때문에 기독교 종교회의가 처

---

1) 정동성, 이영애 지음. 「구원파를 왜 이단이라 하는가?」 (서울: 죠이선교회, 2004) (p. 33)
2) 차종순 저. 「교회사」 (서울: 한국장로교출판사, 1992)(p. 70)

음으로 예루살렘에서 열렸다. 바나바와 바울은 안디옥교회에서 사역을 하고 있었다. 그런데 어떤 사람들이 와서 안디옥교회 교인들에게 "구원을 받으려면 모세가 가르쳐준 법대로 할례를 받아야 한다"라고 주장했다. 이 일로 그들과 안디옥교회 지도자들이 다투게 되었다. 그래서 안디옥교회에서는 12사도가 있는 예루살렘으로 바울과 바나바를 파송했다. 그리고 예루살렘에 있는 사도들과 장로들은 열띤 의논을 한 끝에 다음과 같이 결론을 내렸다.

> "사도와 장로들이 이 일을 의논하러 모여 많은 변론이 있고 베드로가 일어나 말하되 형제들아 너희도 알거니와 하나님이 이방인들로 내 입에서 복음의 말씀을 들어 믿게 하시려고 오래전부터 너희 가운데서 나를 택하시고 또 마음을 아시는 하나님이 우리에게와 같이 저희에게도 성령을 주어 증거가 되시고 믿음으로 저희 마음을 깨끗이 하사 저희나 우리나 분간치 아니하셨느니라 그런데 지금 너희가 어찌하여 하나님을 시험하여 우리 조상과 우리도 능히 메지 못하던 멍에를 제자들의 목에 두려느냐 우리가 저희와 동일하게 주 예수의 은혜로 구원 받는 줄을 믿노라 하니라"_행15:6~11

이렇게 해서 구원과 관련된 율법의 문제는 일단락 지어졌다. 그러나 여전히 율법을 지켜야만 구원받을 수 있다고 생각한 사람들은 교회를 혼란스럽게 했다. 바울은 그들을 '손할례당' 혹은 '개'라고 말했다. 오늘날에도 "안식일을 지켜야 구원받는다" 혹은 "유대인의 절기 유월절과 초막절을 지켜야 구원받는다."라고 주장하는 사람들이 있다. 안식일과 절기는 모두 율법에 있는 내용이다. 그러므로 이러한 주장을 하는 것은 율법주의 이단에 해당한다.

둘째, 무율법주의 혹은 도덕폐기론의 주장이 있다. 이들은 율법주의와 정반대 주장이다. 예수님이 십자가에서 우리 죄를 용서하셨기 때문에 더는 율법이 필요없는 것이라고 주장한다. 또 지금은 구약의 율법시대가 아니라 신약 은혜시대이기 때문에 율법을 지키려고 하는 것이 잘못되었다고 가르친다. 초대교회 당시에도 이런 주장을 하는 사람들이 있었다. 이들을 가리켜 '니골라당' 이라고 했다. 이들은 예수님이 죽으시고 부활하셨기 때문에 사람들이 구원을 받을 수 있게 되었고, 인간의 영만이 구원을 받는다고 말했다. 반면 사람의 육체는 더럽고, 악하여서 마지막 날에 구원받지 못한다고 생각했다. 그래서 영이 구원받았다면 육체로 행하는 모든 것은 구원과 상관이 없다고 전파했다. 그러다 보니 심각한 문제가 발생했다. 육체를 가지고 온갖 문제를 일으킨 것이다. 더는 믿는 사람에게 회개는 필요가 없게 되었다. 그래서 교회에 심각한 혼란이 발생했다. 그러나 이러한 주장은 성경의 가르침과는 전혀 달랐다. 요한계시록을 보면 예수님께서 버가모 교회를 책망하시는 내용이 나온다.

> "그러나 네게 두어가지 책망할 것이 있나니 거기 네게 발람의 교훈을 지키는 자들이 있도다 발람이 발락을 가르쳐 이스라엘 앞에 올무를 놓아 우상의 제물을 먹게 하였고 또 행음하게 하였느니라 이와같이 네게도 니골라당의 교훈을 지키는 자들이 있도다 그러므로 회개하라 그리하지 아니하면 내가 네게 속히 임하여 내 입의 검으로 그들과 싸우리라"_계2:14~16

예수님은 니골라당과 싸우신다고 말씀하셨다. 오늘날 구원파가 이런 주장을 하고 있다. 영은 선하고, 육은 악하다는 생각을 한다. 당연히 영은 선하기 때문에 구원받아야 한다고 말한다. 반면 육은 악하여서 없어져야 하고, 육신으로 행하는 모든 일은 구원에 아무런 영향을 주지 않는다고 가르친다. 지금도 니골라당의 교훈을 따르는 무리가 우리 주변에 많이 있다.

셋째, 영지주의다. 영지주의자의 주장은 성경의 표면상의 뜻이 참 뜻이 아니며 영적이고 신비한 지식을 알고, 그것을 가지는 사람만이 구원을 받는다고 말한다. 본래 헬라 사상을 연구하는 사람 중에 자신들만이 깨달은 참된 지식이 있어야 구원을 받는다고 주장하는 사람들이 있었다. 이러한 사상이 기독교로 흘러들어오게 되었다. 영지주의자들이 가장 많이 사용한 성경이 '요한복음'이다. 오늘날 기독교이단 중에 예수님이 말씀하신 비유와 계시록에 있는 영적 비밀을 아는 사람이 구원을 얻는다고 주장하는 무리가 있다. 열 처녀 비유를 보면 기름을 준비해야 한다고 했다. 당연히 영지주의자들의 처지에서 보면 기름은 '지식'을 말하는 것이다. 자신들만이 비밀스럽게 깨달은 지식이 있어야 하고, 그런 집단에 들어오는 사람만이 구원을 받을 수 있다고 말한다. 최근 교회를 가장 혼란하게 하는 이단이 있다. 무료로 성경을 가르쳐 준다고 주장하는 이들은 대표적인 기독교 영지주의 이단이다.

넷째, 신비주의다. 기독교는 영과 진리로 예배드리며 신앙생활을 하는 곳이다. 그리고 인간의 이성으로 알 수 없는 합리적인 것을 초월하는 일들이 나타나기도 한다. 예수님은 귀신을 내쫓고, 병든 자를 치유하셨다. 신비주의자들은 이러한 초 합리적인 행위들에 초점을 맞추고 이것이 진정한 기독교라고 주장한다. 예를 들어 질병의 원인이 귀신이 될 수 있다. 그러나 모든 병의 원인이 귀신이라고 한다면 이것은 억지 주장이 된다. 만약 그렇다면 바울이 가지고 있던 육체의 가시 즉 질병은 어떻게 설명할 수 있을까? 바울에게 귀신이 붙었다는 것인가? 결코, 그렇게 말할 수 없다.

그렇다면, 기독교 정통신앙이란 무엇일까? 성경은 다음과 같이 말하고 있다.

"너희는 사도들과 선지자들의 터 위에 세우심을 입은 자라 그리스도 예수께서 친히 모퉁이 돌이 되셨느니라"_엡2:20

우리의 신앙은 사도들과 선지자들의 터 위에 세워져야 한다. 즉 그들을 통해 기록된 하나님의 말씀 위에 우리의 신앙이 견고하게 서 있어야 하는 것이다. 바울은 기록된 말씀의 중요성을 이렇게 가르쳤다.

"형제들아 내가 너희를 위하여 이 일에 나와 아볼로를 가지고 본을 보였으니 이는 너희로 하여금 기록한 말씀 밖에 넘어가지 말라 한 것을 우리에게서 배워 서로 대적하여 교만한 마음을 먹지 말게 하려 함이라."_고전4:6

기록된 성경은 매우 중요하다. 왜냐하면, 우리 신앙의 기준이 되기 때문이다. 신앙의 기준이 되는 성경에 근거를 둔 정통교회와는 다르게 이단은 몇 가지 특징을 가지고 있다. 첫째, 이단은 삼위일체 하나님을 부정한다. 정통교회는 성부, 성자, 성령을 하나의 본질이신 하나님으로 믿고 있다. 교회 역사를 보면 구약의 하나님은 진정한 하나님이 될 수 없다고 주장한 무리가 있었다. 그들은 신약에서 볼 수 있는 자비로운 하나님이 진정한 하나님이라고 말했다. 둘째, 이단은 예수님의 신성과 인성을 부정한다. 예수님은 하나님의 피조물이기 때문에 신성을 가질 수 없다고 주장한다. 또 어떻게 신성을 가지신 예수님이 십자가에서 고통을 느낄 수 있느냐고 반문하면서 그것은 사람들의 눈에 그렇게 비쳤을 뿐 예수님은 고통받지 않았다고 말한다. 그러나 사도들과 선지자들은 성부, 성자, 성령 하나님을 동등한 분으로 가르쳤다. 또 사도들과 선지자들은 예수님이 하나님의 아들이면서, 하나님 자신이라고 가르쳤다. 또 육신을 입고 이 땅에 오신 분임을 말했고, 십자가의 힘든 고통을 겪으신 분이라고 증언했다. 셋째, 이단은 예수님을 통한 구원을 부정한다. 그러나 사도들과 선지자들은 하나님께 나아가는 다른 길이 없음을 증언하였다. 이러한 믿음의 기초에서 벗어난 주장은 사도들과 선지자들의 가르침이 아니다. 이처럼 사도와 선지자들이 전해준 가르침을 이단들은 왜곡하고, 부분적으로만 주장하면서 오류에 빠지게 되었다.

4 진리와 진실

학생들과 함께 단풍으로 유명한 내장산으로 여행을 갔다. 나는 수진이 그리고 진이와 함께 대웅전을 구경했다. 마침 부처상을 향해 합장 기도하는 아주머니의 모습을 보았다. 아주머니의 진지한 모습을 보면서 나는 수진이와 진이에게 질문을 했다.

"너희가 보기에 저 아주머니께서 기도하는 것이 진실하다고 생각해? 아니면 가식이라고 생각해?"

수진이와 진이는 잠시 생각을 하더니 "진실한 것 같아요"라고 대답했다. 분명히 그 아주머니는 진실한 마음으로 기도했을 것이다. 그 마음속에 무슨 생각이 있는지 알 수는 없지만 간절하고도 진실한 마음으로 기도했을 것이다. 비단 불교뿐 아니라 이슬람교, 힌두교와 같은 타 종교에서도 같을 것이다. 문제는 기독교 이단에 미혹된 사람들의 마음도 가짜는 아니라는 것이다. 기본적으로 신앙생활을 한다고 할 때 진실한 마음은 기본적인 태도이면서 중요한 요소가 된다. 그러나 진실한 마음만이 신앙생활에 전부가 될 순 없다.

광주에서 대구로 갈 일이 있었다. 광주에서 대구로 가려면 호남고속도로를 타고 가다가 88고속도로로 들어가야 한다. 그 분기점이 담양이다. 대구로 가려면 담양을 지나 순창, 남원 그리고 대구 이정표를 보고 가야 한다. 한번은 대구를 가려고 빠른 속도로 운전했다. 그런데 한참을 달려도 대구 이정표는 보이지 않았다. 결국, 휴게소로 들어가서 현재 위치가 어딘지 확인했다. 확인한 결과 대구로 가는 것이 아니라 순천 쪽으로 가는 방향으로 운전했던 것이다. 우리의 신앙도 마찬가지가 아닐까? 진실하게 무엇이든 믿는다고 해서 하나님이 원하시는 목적지에 이를 수 있는 것은 아니다. 이 세상을 살아가는 사람들도 열심히 산다. 모든 종교인은 온 정성을 쏟아 나름대로 신앙생활을 하고 있다. 이단도 자신들이 옳다고 믿는 것을 위해 열심을 낸다. 그러나 성경은 우리에게 진실보다 더 중요한 것이 있음을 가르쳐 준다. 그것은 바로 진리다. 위대한 설교자 마틴 로이드존스 목사는 현대에 만연해 있는 종교사상은 진심과 진리를 동일시하고, 열심과 지식을 동등시하는 경향이 있다고 지적하였다.

"열심과 진지함은 옳을 수도 있고 그릇될 수도 있습니다. 그러나 그것들은 그 자체의 옳고 그름에 상관없이 계속 열심과 진지함으로 남아 있습니다. 바꿔 말하면 우리는 진정으로 잘 될 수도 있고, 또 진정으로 그릇될 수도 있습니다. 아마 사도 바울이 전형적인 실례가 될 것입니다. 그는 자신의 개종 이전에 하나님과 교회를 박해하고 그리스도인들을 학살했었다고 반복해서 진술하였습니다. 그는 기독교를 박멸하기 위해서 최선의 힘을 쏟았습니다. 그는 철저하게 진지했습니다. 그는 "양심에 따라" 행23:1 행하였습니다. 그는 자신이 옳다고 생각한 정도가 아니라 아주 확신하였고, 자신의 행위가 하나님을 매우 기쁘게 해 드린다고 완전히 믿었습니다. 회심하기 이전에 가장 충실한 대표적 인간을 꼽으라면 다소의 바울을 들 수 있습니다. 그런데 그는 다메섹으로 가던 길에서 갑자기 자신이 너무도 무섭고 비극적인 잘못에 빠졌다는 사실을 깨닫게 되었습니다. 그는 자신의 방향이 온통 잘못되었음을 인식하고 즉시 올바른 방향으로 전환하였습니다. 그 후 바울은 똑같은 열심을 품고 반대 방향에서 여행하며 봉사하였습니다. 진지함과 열심은 옛날과 같았지만, 그 방향은 전혀 달랐습니다. 바울은 회심하기 이전에는 진정으로 잘못된 사람이었습니다. 그러나 회심한 이후에는 진정으로 바르게 되었습니다. 어떤 사람이 진정(진지) 하다고 해서 그것이 옳은 것의 보장이 되고 궁극적인 테스트의 표준이 된다면 논리와 분명한 사고는 내버렸다는 말입니다. 사실상 고대 사회나 현대 사회에서 일어난 최대의 잔혹성과 불행한 사건들 대다수는 그릇된 진지함과 참된 지식에 의해 통제되지 않은 열심 때문이라고 말해도 결코 과언이 아닙니다."[3]

그래서 올바른 신앙생활은 진리를 진실하게 믿는 것이다. "예수께서 이르시되 내가 곧 길이요 진리요 생명이니 나로 말미암지 않고는 아버지께로 올 자가 없느니라"요4:6 말씀하고 있다. 또 "그들을 진리로 거룩하게 하옵소서 아버지의 말씀은 진리니이다"요17:17 라고 우리에게 가르치고 있다. 우리가 하나님의 진리를 알게 되면 비로소 진정한 자유를 누리게 된다. "진리를 알지니 진리가 너희를 자유롭게 하리라"요8:32 그래서 우리의 신앙은 진리이신 예수님을 진실하게 믿을 때 온전해지는 것이다.

---

3) 마틴 로이드존스, 이중수 옮김 「변하는 사상 불변하는 진리」(서울: 양무리서원, 1992) (pp. 52~53)

5 평범한 것이 비범한 것이다.

이단 특강을 인도할 때마다 "말세를 대비하는 신앙"이라는 제목으로 강의한다. 마가복음 13장을 보면 예수님께서 말세에 나타날 여러 가지 현상들을 제자들에게 말씀해 주셨다. 하루는 마가복음 13장을 가지고 큐티를 했다. 성경을 읽어가던 중 "주의하라"5절는 말씀을 보게 되었다. 그리고 "조심하라"9절, "삼가라"23절는 말씀도 보았다. 나는 속으로 "주의하는 것은 무엇이며, 조심하는 것 그리고 삼가는 것은 무엇일까? 어떤 차이가 있을까?"라고 생각을 했다. 당신은 이 단어들이 어떤 차이를 갖고 있다고 생각하는가?

특강을 할 때마다 다음의 질문을 한다. "제가 지금부터 질문 하나 드리겠습니다. 오늘 본문 말씀에 "주의하라", "조심하라", "삼가라"고 말씀하고 있습니다. 그렇다면, 첫 번째로 비슷한 말이긴 하지만 약간의 차이가 있다고 생각하시는 분은 손을 들어주세요. 자. 이번엔 두 번째, 모두 똑같은 말일 것으로 생각하시는 분은 손을 들어주세요."

결과가 어떻게 나왔을까? 결과는 첫 번째 비슷한 말이긴 하지만 약간의 차이가 있다고 생각하는 사람이 훨씬 많다. 그리고 어떤 의미의 차이가 있는지 말해보라고 부탁하면 나름대로 설명해 주는 고마운 사람도 있다. 결론적으로 말하면 다음과 같다. "주의하라", "조심하라" 그리고 "삼가라"는 모두 똑같은 뜻의 말이다. 원어 성경에 모두 '블레포'라는 단어로 쓰여 있다. 우리 말 성경에서 다르게 번역한 것은 앞에서 사용한 단어를 뒤에서 사용할 때는 비슷한 의미가 있는 다른 단어로 사용하는 문학적 기법 때문이다. 국어 시간에 많이 배우는 내용이기 때문에 쉽게 이해할 것이다. 그래서 말세를 대비하려면 악한 것에 대해 주의해야 한다.

말세를 대비하는 두 번째 방법으로 예수님은 "배우라"고 말씀하셨다. 말씀을 배우라는 것이다. 천지가 없어져도 하나님의 말씀은 사라지지 않는다. 그래서 예수님은 영원하신 하나님의 말씀을 배우라고 하셨다. 그렇다면, 성경을 배운다는 것은 무엇일까? 일단 성경 말씀은 배우고 가르치려고 쓰였다. 사도 요한은 예수님의 계시를 받아서 계시록을 기록하였다. 그리고 다음과 같이 말하였다.

> "이 예언의 말씀을 읽는 자와 듣는 자들과 그 가운데 기록한 것을 지키는 자들이 복이 있나니 때가 가까움이라"_계1:3

하나님의 말씀을 배우려면 성경을 읽고, 들어야 한다. 그러나 배운다는 것은 여기에서 그치는 것이 아니다. 읽고, 들은 말씀을 지킬 때 그것을 배웠다고 할 수 있다. 이 말을 다른 식으로 바꾸면 다음과 같다. 성경을 배운다는 것은 하나님의 말씀을 해석하고 삶 속에 적용하는 것이다. 얼마 전 큐티 세미나를 참석했는데, 강사는 다음과 같이 말을 했다.

"여러분. 큐티는 말씀을 해석하는 것이 아니라, 그냥 받는 것입니다."

그 말을 듣는 순간 강사의 말에 동의할 수 없었다. 큐티는 성경본문을 해석하면 안 되는지 깊이 생각해 보았다. 또 말씀을 받는다는데 어떻게 받는다는 말인지 그 개념이 모호했다. 우리가 큐티를 하거나 혹은 성경공부를 할 때는 반드시 말씀을 해석해야 한다. 흔히 말하는 "말씀을 쪼갠다"가 아니라, 그 본문이 어떤 상황 속에서, 누구에게, 어떤 메시지를 전달하고 있는가를 파악하는 것은 반드시 필요한 것이다. 이것을 우리는 해석이라고 한다. 큐티 뿐만 아니라 설교를 들을 때도 그렇고, 개인 성경연구를 할 때도 말씀은 해석돼야 한다. 그래야만 자신이 묵상한 말씀을 가지고 삶에 적용할 수 있기 때문이다.

> "예수께서 이러한 많은 비유로 저희가 알아들을 수 있는 대로 말씀을 가르치시되 비유가 아니면 말씀하지 아니하시고 다만 혼자 계실 때에 그 제자들에게 모든 것을 해석하시더라"_ 막4:33~34

예수님께서 제자들에게 말씀을 해석해서 알게 하신 이유는 간단하다. 지적인 호기심을 충족시키기 위한 것이 아니라 행함이 있는 믿음의 소유자가 되도록 하기 위해서다. 그래서 말세를 잘 대비하려면 하나님의 말씀을 성실하게 배워야 한다.

마지막으로 말세를 대비하는 세 번째 방법으로 "깨어 있으라"고 말씀하셨다. '깨어 있으라'는 말은 어떤 사본에 '기도하라'고 되어 있다. 그런데 우리 말에는 모두 "깨어 있으라"로 번역되어 있지만, 여기에는 두 개의 서로 다른 단어가 사용되었다.

> "주의하라 깨어 있으라 그때가 언제인지 알지 못함이니라"_막13:33

여기에서 "깨어 있으라"는 말은 '아그류프네오'다. 이 말은 "사냥하여 잡히지 않도록 잠들지 마라"는 뜻이다. 마귀는 우는 사자와 같이 두루 다니며 삼킬 자를 찾고 다니는데, 사냥감이 되지 않도록 잠에서 깨어 있으라는 말씀이다.

> "가령 사람이 집을 떠나 타국으로 갈 때에 그 종들에게 권한을 주어 각각 사무를 맡기며 문지기에게 깨어 있으라 명함과 같으니 그러므로 깨어 있으라 집주인이 언제 올는지 혹 저물 때 엘는지, 밤중 엘는지, 닭 울 때 엘는지, 새벽 엘는지 너희가 알지 못함이라 그가 홀연히 와서 너희의 자는 것을 보지 않도록 하라 깨어 있으라 내가 너희에게 하는 이 말이 모든 사람에게 하는 말이니라 하시니라"_막13:34~37

위에서 세 번 "깨어 있으라"고 말씀하고 있다. 여기에 "깨어 있으라"는 말은 '그레고레오' 라는 단어를 사용하였다. 원래 이 뜻은 '지켜보다' 의 의미가 있다. 또 '사람의 기능을 모은다' 는 뜻도 가지고 있다. 즉 단순히 눈만 멀뚱멀뚱 떠 있는 것이 아니라, 우리 신체 모든 기관이 긴장하고, 집중하여 원수 마귀를 대적하기 위해 깨어 있는 상태를 말한다. 마치 성을 공격하기 위해 적들이 몰려오는 지 안 오는지를 지켜보면서, 파수꾼이 정신을 집중하여 밤낮으로 경계근무 서는 것과 같다. 그래서 말세를 대비하려면 깨어 있는 신앙이 되어야 한다.

예수님은 말세를 대비하는 제자들의 신앙을 위해 세 가지를 말씀해 주셨다. 주의하고, 배우고, 깨어 기도하라고 하셨다. 너무나 쉽고 우리가 신앙 생활하면서 많이 듣는 말이다. 주일학교만 잘 다녀도 모두 알 수 있는 말씀이다. 그런데 여기에는 상당한 의미가 있다고 생각한다. 그것은 지극히 평범해 보이는 것 안에 비범함이 있다는 것이다. 우리가 세상에 물들지 않고 하나님의 자녀로 살아갈 수 있는 비결은 무엇일까? 비유 풀이에 능통해야 할까? 아니면 요한계시록을 잘 풀어야 가능한 것일까? 물론 비유와 요한계시록을 열심히 배우는 것은 필요하다.

그러나 그 자체가 우리를 거룩하게 하는 것이 아니다. 오히려 성경은 다음과 같이 말씀하고 있다. "하나님의 말씀과 기도로 거룩하여짐이라"_딤전4:5 흔히 말씀을 생명의 양식이라고 한다. 또 기도를 영혼의 호흡이라고 말한다. 우리가 밥을 잘 먹고, 숨쉬기를 잘하는 것은 건강하다는 것을 증명하는 것이다. 밥 먹기, 숨쉬기는 지극히 평범하다. 그러나 그것보다 중요한 것도 없다. 마찬가지로 우리는 생명의 양식을 잘 먹고, 영혼의 호흡을 잘함으로 건강하게 신앙을 유지하고, 성장할 수 있다.

6 안식일을 지켜야 구원받을 수 있다?

"목사님, 성경에 안식일을 지키라는 말은 있어도 주일을 지키라는 말이 있나요?"

내가 대학생일 때 목사님께 질문을 드렸다. 그런데 얼마 전 우리 선교회 학생에게서 똑같은 질문을 받았다. "간사님, 성경에 안식일을 지키라는 말은 있잖아요. 그런데 주일을 지키라는 말은 없고요. 저는 목사님 아들로 어려서부터 교회를 다녔고, 주일이면 교회에 당연히 가는 것으로 생각하면서 자랐어요. 대충 어떤 의미라는 것은 들었지만 그래도 궁금합니다."

안식일을 유난히 강조하는 이단이 있다. 그들은 안식일을 지켜야 구원 받을 수 있다고 가르친다. 정말 그럴까? 결론적으로 말하면 그렇지 않다. 구원은 하나님의 은혜로 예수님을 믿을 때 받는 것이다. 안식일은 금요일 저녁부터 토요일 저녁까지를 말한다. 흔히 토요일을 안식일이라고 한다. 그렇다면, 토요일에 예배를 드리는 것이 잘못일까? 아니다. 오히려 좋은 일이다. 그러나 "안식일에 꼭 예배를 드려야 구원받는다"는 주장은 틀린 말이다. 예수님은 다음과 같이 말씀하셨다.

> "또 이르시되 안식일이 사람을 위하여 있는 것이요 사람이 안식일을 위하여 있는 것이 아니니 이러므로 인자는 안식일에도 주인이니라"_
> 막2:27~28

예수님은 안식일에도 주인이라고 말씀하셨다. 쉽게 말하면 토요일에도 주인이라는 것이다. 그렇다면, 월요일의 주인은 누구인가? 화요일, 수요일, 목요일, 금요일 그리고 일요일의 주인은 누구인가? 바로 사람의 몸으로 오신 예수 그리스도다. 즉 안식일 자체가 우리에게 쉼과 평안을 주는 것이 아니다. 오히려 안식일의 주인이신 예수님이 우리에게 참된 안식과 평안을 주시는 것이다. 그래서 예수님은 안식일의 주인이다.

어느 날 갈라디아 교회 안에 예루살렘으로부터 이단 사상을 가진 사람들이 찾아왔다. 그리고 갈라디아 교인들에게 예수님을 믿는 믿음만으로는 구원을 얻을 수 없다고 전했다. 그 대신 율법을 지켜야만 구원을 얻는다고 말했다. 안식일을 지켜야 구원받고, 할례도 받아야 구원받는다고 가르친 것이다. 이 말을 들은 갈라디아 교인들은 혼란에 빠졌다. 그리고 그 말이 맞는다고 생각한 사람도 있었다. 바울은 이 소식을 접하고 미혹된 갈라디아 교인들을 꾸짖었다.

> "너희가 날과 달과 절기와 해를 삼가 지키니 내가 너희를 위하여 수고한 것이 헛될까 두려워하노라"_갈4:10~11

바울은 골로새에 있는 교회에도 안식일을 포함한 율법에 대해서 다음과 같이 편지를 썼다.

> "그러므로 먹고 마시는 것과 절기나 초하루나 안식일을 이유로 누구든지 너희를 비판하지 못하게 하라 이것들은 장래 일의 그림자이나 몸은 그리스도의 것이니라"_갈2:16~17

그렇다면, 주일의 의미는 무엇일까? 초대교회 성도들은 주일에 모여 '성만찬' 혹은 '주의 만찬'을 통해 예수님을 기념하였다. 그날이 지금의 일요일 즉 주일이다.

"안식 후 첫날에 우리가 떡을 떼려 하여 모였더니 바울이 이튿날 떠나고자 하여 저희에게 강론할 쌔 말을 밤중까지 계속하매"_행20:7

사도 요한은 예수님의 계시를 받았다. 그리고 우리가 잘 아는 요한계시록을 기록하였다.

"주의 날에 내가 성령에 감동되어 내 뒤에서 나는 나팔 소리 같은 큰 음성을 들으니"_계1:10

주일은 성경에서 많이 나오지는 않지만, 초대교회 성도들에게 큰 의미가 있었고, 그 전통이 지금까지 내려온다. 그 의미는 예수님의 부활과 관련이 있기 때문이다. 예수님이 부활하셔서 죽음과 죄를 이기신 날이 주일임으로 초대교회 성도들은 주일에 함께 모여 예배를 드린 것이다. 차종순 교수의 「교회사」를 보면 '주의 날'을 다음과 같이 설명하고 있다.

"안식 후 다음 날 주님께서 부활하신 날을 주의 날(Lord's day)로 정해서 기념하기 시작한 것은 물어볼 나위도 없이 사도시대로부터 시작한 전통이다. 교회의 교부들은 주의 날을 유대교의 안식일에 대한 대응을 지킨다고 생각하지는 않았다. 안디옥의 이그나티우스는 주의 날과 유대교의 안식일을 비교하면서 안식일 개념은 없어져야 할 것이라고 하였다. 순교자 저스틴은 유대인 트리포와의 대화에서 모세 이전의 경건한 사람들은 안식일과 할례가 없어도 하나님을 기쁘시게 하였으므로 기독교인들은 어느 특정한 날을 안식일로 정하지 않으며 모든 날을 영속적인 안식으로 갖는다고 하였다. 기독교인들이 안식 후 첫째 날을 정한 이유는 이 날에 하나님께서 어둠과 혼돈을 물리치시고 창조를 시작하셨기 때문이며, 또한 예수님께서 이 날에 부활하셨기 때문이라고 하였다. 고린도의 디오니시우스는 주 후 170년에 로마로 보내는 편지에서 "오늘 우리는 주님의 날을 거룩하게 지키며, 이 날에 우리는 당신의 편지를 읽는다"라고 하였다. 이레니우스도 주님의 날을 축제일로 지킨다고 하면서 안식일은 영적인 의미로 해석한다고 하였다. 터툴리안은 주의 날은 죄로부터의 휴식이며 사람의 최후 휴식을 상징한다고 하면서 주님의 날에 금식하는 것은 옳지 않으며 오히려 즐기는 것이 옳다고 하였다. 그렇지만, 기독교인들은 주의 날에 세속적인 일에 전념하거나 노동을 삼감으로써 악마에게 틈을 주어서는 안 될 일이라고 하였다. 이상과 같이 주의 날은 초대교회에서 유대교의 안식일을 대신하여 지켜 오다가 콘스탄틴 황제의 칙령에 의해서 일요일을 예배드리는 날, 그리고 노동을 쉬는 날로 정하고 반포하기에 이르렀다."4)

7 율법! 이것이 문제로다.

그리스도인들은 율법 때문에 고민을 많이 한다. "그리스도인은 율법을 지켜야 하는가? 아니면 율법은 필요 없는가?"

어른들은 십계라는 영화를 기억할 것이다. 또 학생들은 '이집트의 왕자' 라는 애니메이션을 알 것이다. 이 영화들은 이집트 노예였던 이스라엘 사람들에 대한 이야기다. 사백 년 동안 이집트의 노예로 살던 히브리 사람들이 하나님께 기도하였다. 그들의 기도를 들으신 하나님은 모세를 이집트로 보내서 이스라엘 백성을 구원하셨다. 하나님의 명령을 이집트의 왕 '파라오' 에게 전했지만 들으려 하지 않았다. 결국, 열 가지 재앙을 통해 파라오는 하나님과 모세에게 항복하였다. 이 일로 파라오는 이집트를 떠나도 좋다고 했다. 모세는 이스라엘 사람들을 모두 이끌고 나오게 되었고, 홍해를 건너게 되었다. 이 과정에 변심한 파라오는 모세와 이스라엘 사람들을 죽이려고 쫓아왔지만, 하

---

4) 차종순 저, 「교회사」 (서울: 한국장로교출판사, 1992) (pp. 42~43)

나님의 능력으로 모든 군대가 바다에서 수장되어 버렸다. 홍해를 건넌 이스라엘 사람들은 하나님이 모세에게 말씀하신 시내산에 이르게 되었다. 이상의 내용은 구약성경 출애굽기에 나와있다.

지금 우리는 율법에 대해서 알고자 한다. 십계十戒를 만든 세실 비데밀 감독은 율법에 대해 다음과 같이 말했다. "우리가 율법을 파괴한다는 것은 불가능한 일이다. 우리는 단지 율법을 어김으로써 자신을 파괴할 뿐이다"5) 하나님은 이스라엘 사람들에게 율법을 주셨다. 그러면 언제 율법을 주셨는가? 정답은 이집트를 나와 홍해를 건넌 다음 광야에 있는 시내산에 도착했을 때다. 그렇다면, 여기에서 깊이 생각할 일이 있다. 하나님은 율법을 이스라엘 사람들에게 분명히 지키라고 주셨다. 그러나 율법은 구원의 조건으로 주어진 것이 아니다. 미디안 광야에 있던 모세를 부르신 하나님께서 모세에게 이렇게 말씀하셨다고 가정해 보자.

"모세야, 내가 십계명과 율법을 줄 테니 이것으로 고통받는 나의 백성이 있는 이집트로 가라. 그리고 그들에게 십계명과 율법을 전해 주어라. 그리고 십계명과 율법을 너희가 잘 지키면 내가 이집트에서 너희를 구원하고, 그렇지 않으면 그대로 놔두겠다고 전해라"

만약 이렇게 말씀하셨다면 율법은 이스라엘 사람들이 구원받기 위한 조건이 되었을 것이다. 그러나 하나님은 아무런 조건 없이 이스라엘 사람들을 선택하시고 이집트의 고통으로부터 해방해 주셨다. 더 나아가 파라오의 추격으로 곧 죽게 될 이스라엘 사람들을 홍해에서 극적으로 구원해 주셨다. 사도 바울은 이스라엘 백성이 출애굽하는 내용을 떠올리면서 다음과 같이 교훈하였다.

---

5) 스티븐 코비 저, 김경섭 옮김. 「성공하는 사람들의 7가지 습관」 (서울: 김영사, 2005)(p. 50)

> "너희는 누룩 없는 자인데 새 덩어리가 되기 위하여 묵은 누룩을 내
> 버리라 우리의 유월절 양 곧 그리스도께서 희생되셨느니라"_고전5:7

곧 유월절 어린양은 예수님을 예표한 것이다. 또 홍해를 건넌 일을 다음과 같이 말했다.

> "형제들아 나는 너희가 알지 못하기를 원하지 아니하노니 우리 조상
> 들이 다 구름 아래에 있고 바다 가운데로 지나며 모세에게 속하여 다
> 구름과 바다에서 세례(침례)를 받고"_고전10:1~2

이스라엘 백성이 홍해를 건넌 것은 세례침례를 받은 것이다. 이스라엘 백성은 유월절 어린양의 피와 홍해사건을 통해 구원받았다. 이것을 우리는 은혜라고 한다. 홍해를 건너려고 나무를 잘랐을까? 그리고 그것을 줄로 묶어서 배를 만들었나? 아니다. 그들은 하나님이 하시는 일을 두렵고 떨리는 가운데 조용히 바라보기만 했다. 그리고 그들은 홍해를 건너 광야에 들어가게 되었다. 초대교회 당시 첫 번째 순교자 스데반은 이렇게 말했다.

> "이스라엘 자손에 대하여 하나님이 너희 형제 가운데서 나와 같은 선
> 지자를 세우리라 하던 자가 곧 이 모세라 시내 산에서 말하던 그 천사
> 와 우리 조상들과 함께 광야 교회에 있었고 또 살아 있는 말씀을 받아
> 우리에게 주던 자가 이 사람이라"_행7:37~38

광야로 나온 이스라엘 백성을 '광야교회'라고 말했다. 교회가 무엇인가? 구원받은 사람들의 모임이다. 모세는 구원받은 이스라엘 백성을 이끌고 시내산에 갔다. 그리고 하나님의 십계명과 율법을 받았다. 백성에게 율법을 주신 것은 구원의 조건이 아니다. 그렇다면, 율법은 무엇인가? 율법은 구원받은 사람들에게 주신 것이다. 이집트 사

람들에게 십계명과 율법을 주신 일이 없다. 그렇다면, 왜 율법을 주셨을까? 이유는 간단하다. 하나님의 은혜로 구원받았다면, 구원받은 백성이 이 세상에서 어떻게 하나님을 섬기면서 사람들과 더불어 살아야 하는가에 대한 기준으로 십계명과 율법을 주신 것이다. 하나님께서는 율법을 구원의 조건으로 사람들에게 주신 일이 없다. 이 원리는 지금도 변함이 없다.

"안식일을 지켜야 구원받습니까?"

"아닙니다. 하나님의 은혜로 받습니다."

"방언을 받아야 구원받습니까?"

"아닙니다. 하나님의 은혜로 받습니다."

"비유와 계시록에 감춰진 영적 지식을 알아야 구원받습니까?"

"아닙니다. 하나님의 은혜로 구원받는 것입니다."

그렇다면, 구원받은 사람은 어떻게 살아야 하나? 당연히 하나님의 뜻대로 살아야 한다. 그런데 하나님의 기준이 없다면 어떻게 알 수 있겠는가? 성경은 다음과 같이 말한다.

> "그러므로 율법의 행위로 그의 앞에 의롭다 하심을 얻을 육체가 없나니 율법으로는 죄를 깨달음이니라"_롬3:20

"아! 이것이 죄구나, 하나님의 뜻이 아니구나"라고 깨닫게 하는 것이 율법이다. 율법에 비추어서 그리스도인의 행실을 점검하고 조심하게 되는 것이다. 그래서 우리는 율법과 율법주의를 분별해야 한다. 율법은 하나님께서 구원받은 사람이 어떻게 살아야 하는가에 대한 기준으로 주신 말씀이다. 그러나 율법주의는 율법을 지켜야 구원받는다는 잘못된 사상이다.

"안식일을 지켜야 구원받는다. 할례를 받아야 구원받는다" 아니다. 잘못된 사상이다. 하나님을 오해하는 것이며, 이단의 주장이다. 오직 하나님의 은혜로 믿음으로 말미암아 구원받는다.

8 왜 바리새인은 예수님을 싫어했을까?

이스라엘 사람들이 믿는 종교를 '유대교'라고 한다. 유대교는 모세의 율법을 철저하게 지키는 종교다. 항상 예수님과 갈등관계가 있던 바리새인은 자신을 '모세의 제자'라고 생각했다.

> "저희가 전에 소경 되었던 사람을 데리고 바리새인들에게 갔더라… 저희가 욕하여 가로되 너는 그의 제자나 우리는 모세의 제자라"_요9: 1, 28

그런데 예수님 또한 모세오경에 나오는 말씀을 많이 인용했다. 예수님과 바리새인은 둘 다 모세가 전해준 율법을 잘 알고 있었다. 그런데 왜 바리새인은 예수님을 싫어했을까?

우선 유대교부터 생각해 보자. 유대교는 모세오경에 나오는 율법을 중요하게 생각했다. 그렇다고 모세가 유대교를 창시했다고 생각하면 안 된다. 대체로 유대교의 기원은 이스라엘 사람들이 바빌론 포로에서 돌아온 시기로 본다. 포로로 끌려가기 전 하나님은 선지자를 이스라엘에 보내어 회개하고 돌아오도록 말씀하셨다. 당시 정치, 종교 지도자들은 타락하여 하나님의 율법을 떠나 우상숭배를 일삼았다. 또 힘있는 사람들은 없는 사람들의 것을 약탈했다. 정의가 땅에 떨어진 이스라엘에 하나님은 말씀하셨다. 이때 선지자는 하나님의 뜻을 전했고, 회개하지 않으면 심판받게 될 것을 선포했다. 그런데 또 다른 선지자라는 사람이 나타나서 말을 했다.

"저 하나님의 선지자라고 하는 사람의 말은 모두 거짓이다. 하나님은 우리를 사랑하시고 우리는 선택받은 백성이기 때문에 우리에게 평화가 있을 것이다. 예루살렘은 절대로 멸망하지 않는다."

성경은 다음과 같이 말씀하고 있다.

> "그러나 너는 내가 네 귀와 모든 백성의 귀에 이르는 이 말을 잘 들으라 나와 너 이전의 선지자들이 예로부터 많은 땅들과 큰 나라들에 대하여 전쟁과 재앙과 전염병을 예언하였느니라 평화를 예언하는 선지자는 그 예언자의 말이 응한 후에야 그가 진실로 여호와께서 보내신 선지자로 인정받게 되리라"_ 렘 28:7~9

어떤 선지자는 회개와 심판을, 또 다른 선지자는 평화와 보호를 외쳤다. 이스라엘 사람들은 누구의 말을 들어야 할 것인가를 선택해야 했다. 결국, 이스라엘 백성이 선택한 선지자는 평화와 보호를 외친 사람이었다. 반면 회개와 심판을 외쳤던 선지자를 핍박하였다. 결국, 이스라엘은 바빌론에 의해 멸망하게 되었다. 그들은 비참하게 바빌론으로 끌려갔다. 그곳의 생활은 몹시 힘들었다. 무려 70년 동안 포로생활을 하게 되었다. 포로생활은 자신들의 지나온 시간을 되돌아보게 하였다.

"우리가 왜 이곳으로 끌려와서 이런 고난을 당하게 되었지?"

그들은 반성의 결과로 하나님이 보내신 선지자의 말을 듣지 않고 평화를 외친 거짓 선지자의 말을 들은 것으로 생각했다. 그리고 하나님의 선지자가 전해준 율법을 지키지 않았기 때문이라고 판단했다.

"우리가 하나님의 율법을 준행하지 않았기 때문에 멸망하였다. 그렇다면, 하나님의 율법을 지키면 우리는 다시 회복될 것이다."

포로로 끌려간 그들 안에 율법을 철저하게 준수하자는 신앙운동이 일어나게 되었다. 그래서 바리새인의 기원을 이때로 보기도 한다. 시간이 흘러 바빌론은 페르시아에 의해 멸망을 하고 고레스 왕은 포로로 잡혀온 이스라엘 백성을 본국으로 돌아갈 수 있도록 정책을 폈다. 그리고 무너진 성전을 다시 재건할 수 있도록 조처를 해 주었다. 그들이 다시 돌아왔을 때 화려했던 이스라엘은 더는 존재하지 않았다. 신앙의 중심이었던 성전은 이미 파괴되어 버렸다. 비록 바빌론에서 본국으로 귀국했지만, 여전히 페르시아의 지배를 받는 속국일 뿐이었다. 그들은 생각했다.

"진정한 이스라엘은 무엇인가? 본국으로 돌아온 사람들이 이스라엘인가? 페르시아에 남아 있는 이스라엘 사람들은 정말 이스라엘인가? 혼혈인이 된 사람들을 이스라엘이라고 말할 수 있을까? 다른 종교로 개종한 사람도 이스라엘인가? 흩어진 이스라엘 사람들은 어떻게 되는가?"

어느 것 하나로 이스라엘을 정의할 수 없었다. 결국, 그들의 결론은 율법을 철저히 준수하는 민족이야말로 진정한 이스라엘이라고 생각했다. 전 세계로 흩어진 이스라엘 사람들은 더는 성전에서 예배를 드릴 수 없었다. 대신에 회당을 만들었다. 그리고 그곳에서 율법을 낭독하고 배웠다. 율법이야말로 그들의 정체성이고, 존재 이유가 된 것이다. 이스라엘은 율법의 중요성을 강조하였다. 그러나 율법은 하나님께서 이스라엘 백성을 이집트에서 구원하시고 나서 삶의 기준으로 줬다는 것을 망각하였다. 즉 역사성은 사라지고 율법 자체만 중요해졌다. 이런 과정을 통해 율법 중심의 종교가 만들어졌고, 이것이 이스라엘 종교인 유대교가 된 것이다.6)

유대교 안에서 중추적 역할을 한 사람들은 단연코 바리새인이었

---

6) 오덕호 저, 「산상설교를 읽읍시다」 (서울: 한국신학연구소, 1999)(p. 27)

다. 바리새인은 철저하게 율법을 지키는 사람이었다. 왜냐하면, 율법을 지킴으로 구원받을 수 있다고 믿었기 때문이다. 그러나 예수님은 그렇게 제자들을 가르치지 않았다.

우리가 잘 아는 '산상수훈'은 예수님이 제자들에게 주신 새로운 시대의, 새로운 율법이다. 여기에서 말하는 새로운 율법은 구약의 율법을 뛰어넘는 폭넓은 개념으로써, 그리스도인들이 실천해야 하는 예수님이 주신 규범으로서의 율법을 말한다. 예수님은 다음과 같이 말씀하셨다.

> "내가 율법이나 선지자를 폐하러 온 줄로 생각하지 말라 폐하러 온 것이 아니요 완전하게 하려 함이라"_마5:17

하나님께서 이스라엘 백성에게 시내산에서 율법을 주셨듯이, 예수님께서 구원받은 제자들에게 제자의 삶을 수준 있게 살 수 있도록 새로운 율법을 주신 것이다. 그리고 산상수훈의 교훈을 지키라고 말씀하셨다. 그러나 우리가 반드시 알아야 할 사실은 결코 구원의 조건으로 산상수훈을 가르치지 않았다는 것이다. 이것이 예수님과 바리새인의 다른 점이다. 바리새인들에게 큰 문제는 이스라엘 사람들의 마음이 예수님께 쏠리는 것이었다. 그래서 언제나 예수님의 흠을 잡을 기회만 노리고 있다가 신성모독죄를 적용시켜 십자가에 매달았다.

> "나와 아버지는 하나이니라 하신대 유대인들이 다시 돌을 들어 치려 하거늘 예수께서 대답하시되 내가 아버지께로 말미암아 여러 가지 선한 일을 너희에게 보였거늘 그중에 어떤 일로 나를 돌로 치려 하느냐 유대인들이 대답하되 선한 일을 인하여 우리가 너를 돌로 치려는 것이 아니라 참람함을 인함이니 네가 사람이 되어 자칭 하나님이라 함이로라"_요10:30~33

바리새인들은 사람들의 마음이 자신들에게서 떠나는 것을 두려워했다. 자신들이 누리던 종교적 기득권이 모두 사라지기 때문이었다. 그래서 예수님을 싫어했고, 결국 예수님을 죽음으로 내몰아 간 것이다.

9 바리새인 니고데모를 아십니까?

바리새인은 예수님을 대적했다. 그러나 바리새인 중에서도 진리를 알고자 노력하는 사람이 있었다. 그 대표적인 사람이 니고데모다. 요한복음에 그와 관련된 일이 세 번 나온다.

첫째, 요한복음 3장에 등장한다. 니고데모는 바리새인이면서, 유대인의 관원이었다. 바리새인은 율법을 지킴으로 구원을 받을 수 있다고 믿었던 사람이다. 유대인이라고 하는 것은 하나님으로부터 선택받은 백성 즉 선민의식을 가지고 있었다는 말이다. 또 관원이라는 것은 높은 지위에 있던 사람이라는 것을 뜻한다.

그런 니고데모는 사람의 눈을 피하여 밤중에 예수님을 만나러 왔다. 이때 예수님은 하나님 나라에 대해 말씀하시면서 물과 성령으로 거듭날 때만 그 나라에 들어가는 것이 가능하다고 말씀하셨다. 니고데모는 이해할 수 없었다. 거듭난다는 말을 다시 어머니 뱃속에서 태어나는 것으로 이해했기 때문이다. 그러나 예수님은 성령으로 거듭나는 것을 말씀하셨다. 니고데모는 정말 이해할 수가 없었다. 그는 누구보다 모세오경을 잘 아는 사람이었다. 예수님은 이스라엘 선생으로 이러한 일을 알지 못하느냐 말씀하시면서 그가 잘 아는 모세의 글을 인용하셨다. "모세가 광야에서 뱀을 든 것 같이 인자도 들려야 하리니"요3:14라고 말씀하셨다. 이것은 예수님이 어떠한 죽음을 당하실 것인지를 말씀하신 것이다. 그리고 예수님은 십자가 위에서 죽는 자신을 보고 믿는 사람들에게 거듭남을 통한 영생을 얻게 된다고 말씀하셨다.

둘째, 요한복음 7장에 나온다. 대제사장들과 바리새인들이 아랫사람들을 시켜서 예수님을 잡아오라고 명령하였다. 그러나 그들은 잡아오지 않았다. 이유를 묻자 "그 사람처럼 말하는 사람이 이때까지 없었습니다"라고 대답했다. 바리새인들은 매우 화가 났다. "너희도 미혹되었느냐? 율법을 알지 못하는 이놈들, 저주받은 놈들"이라고 심하게 욕을 하였다. 그런데 그 자리에 니고데모도 같이 있었다.

> "그중에 한 사람 곧 전에 예수께 왔던 니고데모가 저희에게 말하되 우리 율법은 사람의 말을 듣고 그 행한 것을 알기 전에 판결하느냐"_요7:50~51

이 말을 들은 다른 바리새인들은 이번엔 니고데모를 향해서 다음과 같이 말하였습니다.

> "너도 갈릴리에서 왔느냐 상고하여 보라 갈릴리에서는 선지자가 나지 못하느니라"_요7:52

마지막 셋째, 요한복음 19장에 나온다. 예수님이 십자가에서 돌아가셨다. 예수님의 제자들은 모두 도망을 갔고, 예수님의 시신을 거둘 사람이 없었다. 그런데 두 사람이 예수님의 시신을 거두어 장례를 치렀다. 아리마대 사람 요셉과 니고데모였다.

"아리마대 사람 요셉이 예수의 제자나 유대인을 두려워하여 은휘하더니 이 일 후에 빌라도더러 예수의 시체를 가져가기를 구하매 빌라도가 허락하는지라 이에 가서 예수의 시체를 가져가니라 일찍 예수께 밤에 나아왔던 니고데모도 몰약과 침향 섞은 것을 백 근쯤 가지고 온지라 이에 예수의 시체를 가져다가 유대인의 장례법대로 그 향품과 함께 세마포로 쌌더라"_요19:38~40

    니고데모는 예수님의 장례를 치른 것 때문에 다른 바리새인들의 경계 대상이 되었을 것이다. 왜냐하면, 바리새인에게는 예수님이 이단의 두목이었기 때문이다. 그런 예수님의 장례를 치러 주었다는 것은 유대교를 배신하는 행위이기 때문이다.
    니고데모를 보면서 신앙은 변화라는 생각이 든다. 우리가 잘 아는 바울 역시 바리새인이었다. 그는 다메섹으로 예수 믿는 사람들을 잡으려고 가던 중 빛 가운데 나타나신 주님을 만났다. 그 순간 그는 변화되었다. 순식간에 변화가 일어난 것이다. 하나님이 하시면 가능한 일이라는 것을 우리는 믿는다. 우리 중에도 '즉각적인 변화와 회심'을 통해 예수님을 믿게 된 사람이 있기 때문이다. 반면 바리새인 니고데모를 보면 바울과는 다르다. 그의 변화는 점진적이었다. 처음에는 깨닫지 못하였고, 다른 바리새인을 의식하였지만, 그는 진리의 말씀과 하나님 나라를 사모했다. 그의 마음을 예수님은 누구보다 잘 아셨다. 바리새인 니고데모의 변화는 진리를 고민하는 사람들의 좋은 예가 된다. 우리 주변에 '즉각적인 변화와 회심'을 경험한 사람들이 있지만, '점진적 변화와 회심'을 경험한 사람도 많이 있음을 알아야 한다.

2부
무율법주의 이단과 진검승부하라!

10 예수 믿으면 회개할 필요없습니까?

학생부 예배를 마치고 집으로 돌아가는 길에 두 사람을 만났다. 교회를 다니는지 물었다. "예"라고 대답하자 다시 질문을 했다.

"학생은 구원받았습니까?"

"학생은 죄인입니까? 의인입니까?"

말하기가 정말 어려웠다. 마침 전도사님이 지나가는 길에 내 모습을 보고 다가왔다. 나는 그 틈을 타서 그 자리를 빠져나왔다.

자대 배치를 받았다. 옆 소대에 있는 고참이 다가와 "교회는 다니냐? 성경은 많이 읽어 보았냐?"라고 질문했다. 그러면서 "구원받았냐? 너는 죄인이냐? 의인이냐?"라는 질문을 했다. 자신은 군입대전 흔히 말하는 구원파라는 단체에서 전도사였다고 말했다. 그 고참을 만나면서 머리가 매우 혼란해졌다. 로마서를 두 번 읽었는데 도대체 무슨 뜻인지 알지 못했다. 나는 그 고참이 전역하기만을 손꼽아 기다릴 수 밖에 없었다.

내가 다니던 고향교회는 재래시장에서 장사를 하는 사람이 많았다. 여자 집사님 한 분은 시장에서 닭을 팔았다. 생닭을 잡아오면 큰 플라스틱 대야에 담아두고 장사를 했다. 손님들은 닭을 사기전 항상 집사님에게 물었다.

"이거 오늘 잡은 거예요?"

집사님은 돈을 벌기 위해 거짓말을 할 때가 많았다. 그것이 집사님의 마음을 항상 아프게 했다. 교회에 와서는 자신의 죄를 고백했다. 그러나 생활전선에 뛰어드는 순간 먹고 살기 위해 부득이 거짓말을 다시 했다. 그러던 어느날 집사님은 교회를 떠났다. 다른 교회로 갔다는 소식이 들렸다. 구원파라는 이단에 빠진 것이다. 그 단체는 예수님께서 십자가에서 죽으실 때에 인간의 모든 죄를 용서하셨고, 그런 예수님을 믿으면 더 이상 죄가 없다고 가르쳤다. 죄가 없어지고 영혼이 구원 받았기 때문에 더 이상 육체로 범하는 모든 행위들은 죄가 아니라는 것이었다. 목사님은 심방을 가서 말씀으로 지도했지만, 오히려 목사님과 성도들이 깨닫지 못한다고 말했다. 그 후 집사님의 행동은 바뀌었다. 닭을 팔면서 당당해진 것이다. 재고가 난 닭을 팔아도 오늘 잡은 것이라고 자신 있게 말하면서 팔았다. 왜냐하면 더 이상 자신에게는 죄가 없다고 생각했기 때문이다. 구원파의 교훈이 집사님의 마음을 마비시켜 버렸다. 정말 예수님을 믿으면 회개할 필요가 없는 것일까?

11 예수 믿어도 회개는 필요합니다

월드컵 경기는 정말 흥미진진하다. 2006년 독일 월드컵 결승전 경기는 이탈리아와 프랑스의 대결이었다. 프랑스 대표팀에는 중원의 사령관으로 알려진 지단이라는 선수가 있었다. 그런데 갑자기 경기도중 지단 선수가 이탈리아 선수를 머리로 가격하는 행동을 했다. 이 일로 지단은 퇴장을 당했다. 또 프랑스 팀은 우승을 이탈리아 팀에게 넘겨 주어야 했다. 운동경기는 규칙대로 해야만 상이 있다. 이것은 아주 단순한 사실이다. 마찬가지로 신앙생활은 성경의 가르침대로 해야 상이 있는 것이다.

내가 만난 자칭 구원파 목사라고 하는 사람은 하나님의 자녀가 되는 과정을 다음과 같이 설명하였다.

"하나님은 죄인 된 인간들을 사랑하셔서 예수 그리스도를 이 세상에 보내 주셨습니다. 우리를 위해 십자가에서 죽으신 예수 그리스도를 나의 구주로 믿으면 죄사함을 받게 되고, 거듭나게 되어 하나님의 자녀가 됩니다. 하나님의 자녀에게는 영원한 생명이 주어집니다."

자세히 들어보니까 내가 다녔던 교회에서 가르치는 내용과 별 차이가 없었다. 아니 똑같았다. 그리고 나도 그렇게 배우고 가르쳤다. 그런데 문제는 하나님의 자녀가 된 사람, 즉 죄 사함을 받은 사람은 모든 죄가 용서함을 받았기 때문에 더는 회개 혹은 회개기도를 할 필요가 없다는 주장이었다. 아니 회개를 하는 행위 자체가 아직 구원받지 못한 증거라고 말했다. 그 순간 내가 다니는 교회 주일예배가 머릿속에 떠올랐다. 왜냐하면, 우리는 예배순서 가운데 참회의 기도를 드리기 때문이다. 구원파에서 보면 당연히 구원받지 못한 사람들이 하는 짓으로 보일 것이다. 그렇다면, 구원파 사람들이 말하는 것처럼 구원받은 사람은 회개해서는 안 될까? 아니면 구원받은 하나님의 자녀가 된 사람도 죄가 있을 때 회개해야 할까? 나는 회개하는 것을 당연한 것으로 배웠다. 그러나 성경에서 정확하게 말씀하는 것을 기준으로 삼아야 한다는 확신이 있다. 그래서 성경을 펼쳤다.

요한계시록 2장과 3장은 소아시아 지방에 있던 일곱 개 교회가 나온다. 일곱 개 교회 중 두 교회는 예수님께 칭찬을 받은 교회였다. 서머나교회와 빌라델비아교회다. 그렇다면, 나머지 다섯 교회는 어떤 교회들인가? 우리는 흔히 책망받은 교회라고 말한다. 맞다. 그러나 예수님은 다섯 교회를 책망만 하시지 않았다. 책망받은 교회였지만 그들이 잘한 것을 칭찬해 주셨다. 그래서 다섯 교회는 칭찬과 책망을 함께 받은 교회라고 말해야 한다.

첫 번째 에베소교회를 책망했다.

"그러나 너를 책망할 것이 있나니 너의 처음 사랑을 버렸느니라 그러므로 어디서 떨어졌는지를 생각하고 회개하여 처음 행위를 가지라 만일 그리하지 아니하고 회개하지 아니하면 내가 네게 가서 네 촛대를 그 자리에서 옮기리라"_계2:5~6

두 번째 버가모교회를 책망했다.

"이와 같이 네게도 니골라 당의 교훈을 지키는 자들이 있도다 그러므로 회개하라 그리하지 아니하면 내가 네게 속히 가서 내 입의 검으로 그들과 싸우리라"_계2:15~16

세 번째 두아디라 교회를 책망했다.

"그러나 네게 책망할 일이 있노라 자칭 선지자라 하는 여자 이세벨을 네가 용납함이니 그가 내 종들을 가르쳐 꾀어 행음하게 하고 우상의 제물을 먹게 하는도다 또 내가 그에게 회개할 기회를 주었으되 자기의 음행을 회개하고자 하지 아니하는도다 볼지어다 내가 그를 침상에 던질 터이요 또 그와 더불어 간음하는 자들도 만일 그의 행위를 회개하지 아니하면 큰 환난 가운데에 던지고 또 내가 사망으로 그의 자녀를 죽이리니 모든 교회가 나는 사람의 뜻과 마음을 살피는 자인 줄 알지라 내가 너희 각 사람의 행위대로 갚아 주리라"_계2:20~23

네 번째 사데 교회를 책망했다.

"사데 교회의 사자에게 편지하라 하나님의 일곱 영과 일곱 별을 가지신 이가 이르시되 내가 네 행위를 아노니 네가 살았다 하는 이름은 가졌으나 죽은 자로다 너는 일깨어 그 남은 바 죽게 된 것을 굳건하게 하라 내 하나님 앞에 네 행위의 온전한 것을 찾지 못하였노니 그러므로 네가 어떻게 받았으며 어떻게 들었는지 생각하고 지켜 회개하라 만일 일깨지 아니하면 내가 도둑같이 이르리니 어느 때에 네게 이를는지 네가 알지 못하리라"_계3:1~3

다섯 번째 라오디게아 교회를 책망했다.

"무릇 내가 사랑하는 자를 책망하여 징계하노니 그러므로 네가 열심을 내라 회개하라"_계3:19

위에서 언급한 회개하라는 말씀은 예수님께서 하나님을 알지도 못하는 사람들을 향해 말씀하신 것이 아니다. 오히려 모든 교회를 향해 하신 말씀이다. 교회가 무엇인가? 하나님 자녀의 모임이며, 죄사함 받아 거듭나서 영원한 생명을 얻은 사람들을 말하는 것이다. 그런데 그런 교회에 하나님의 뜻과 어긋나는 행위 즉 죄를 범했을 때 예수님은 회개하라고 말씀하셨다. 그렇다면, 이것이 초대교회에만 해당하는 말씀이겠는가? 분명히 아니다. 오늘날 전 세계에 흩어져 있는 모든 교회에도 똑같이 적용되는 말씀이다. 하나님 앞에 자신을 항상 돌아보고, 잘못이 있을 때 솔직하게 회개하는 것이 하나님의 뜻이다.

12 죄인 중에 괴수, 바울은 구원받지 못했나요?

구원파에 속한 자칭 목사라는 사람을 만났다. 약 한 시간 반쯤 이야기를 들었다. 나는 그들이 무슨 말을 하는지 알고 싶어서 내 신분은 밝히지 않고 만났다. 기존 교회를 다니는 사람들이 기도할 때에 "죄인입니다. 용서해주세요"라든지 "제가 죄를 지었습니다"라고 고백하면 아직 구원받지 못한 증거라고 말했다. 그래서 나는 질문을 했다.

"목사님은 죄인이라고 고백하지 않으세요?"

"예. 저는 죄인이라고 고백하지 않습니다. 나는 의인이라고 기도합니다."

나는 또 질문을 했다.

"궁금한 게 있습니다. 사도 바울은 자신을 죄인 중에 괴수라고 말했는데 말씀대로라면 바울도 구원받지 못했습니까?"

내 질문이 우스웠던지 웃으면서 이렇게 말했다.

"그것은 바울이 예수님을 알지 못할 때 예수님의 제자들을 핍박하고, 스데반 집사를 죽이는데 선봉에 서지 않았습니까? 과거에 자기가 지은 죄들을 생각하면 자신이 죄인 중에 괴수와 같은 일을 했었다고 디모데에게 고백하는 것입니다."

그와 대화를 마치고 집으로 돌아와 성경을 펼쳤다. 디모데전서 1장 15절은 다음과 같다.

> "미쁘다 모든 사람이 받을 만한 이 말이여 그리스도 예수께서 죄인을 구원하시려고 세상에 임하셨다 하였도다 죄인 중에 내가 괴수니라"_
> 딤전1:15

우리말 성경을 가지고는 그가 말한 것과 같이 과거의 일을 말하는 것인지, 아니면 현재를 말하는 것인지 알 수가 없었다. 그래서 원어 성경을 보았다. 그런데 원어 성경을 보는 순간 구원파 사람이 나에게 말한 것은 거짓말이고, 틀린 해석임을 발견하게 되었다. 원어에 "프로토스 에이미 에고"라고 기록되어 있다. '프로토스'는 영어로 first고, '에이미'는 영어의 be 동사다. '에고'는 영어의 I 즉 '나'라는 뜻이다. 즉 구원파 사람이 말한 대로라면 "I was first"이어야 한다. 그러나 디모데전서 1장 15절의 "죄인 중에 내가 괴수"라는 말은 "I am first"라고 기록되어 있다. 다시 말해 "내가 지금 죄인 중에 괴수다"라고 자신의 영적인 아들 디모데에게 고백하는 것이다.

모든 선교여행을 마친 늙은 사도 바울은 그의 영적 아들 디모데에게 편지를 썼다. 그것이 바로 디모데전서다. 그는 하나님의 은혜를 더 많이, 더 크게 깨달은 사람이었다. 어두운 죄악 속에 있을 때는 자신의 검은 모습이 드러나지 않지만, 하나님의 말씀과 은혜 앞에 자신을 항상 비춰볼 때 자신 안에 있는 죄성을 누구보다 확실히 깨달았던 것이다. "아! 이런 죄인이 없구나. 내가 죄인 중에 괴수구나"라는 것을 깨달은 것이다. 우리도 마찬가지 아닐까? 올바른 큐티와 기도를 한다면 나 자신의 의로움이 아닌, 죄를 짓고자 하는 성향이 있는 나 자신의 모습을 더 분명히 보게 되지 않을까? 말씀을 묵상하면서 "이것은 꼭 그 사람이 들어야 할 말씀인데…"라고 한다면, 그것은 바른 묵상의 태도가 아닐 것이다.

> "또 자기를 의롭다고 믿고 다른 사람을 멸시하는 자들에게 이 비유로 말씀하시되 두 사람이 기도하러 성전에 올라가니 하나는 바리새인이요 하나는 세리라 바리새인은 서서 따로 기도하여 이르되 하나님이여 나는 다른 사람들 곧 토색, 불의, 간음을 하는 자들과 같지 아니함을 감사하나이다 나는 이레에 두 번씩 금식하고 또 소득의 십일조를 드리나이다 하고 세리는 멀리 서서 감히 눈을 들어 하늘을 쳐다보지도 못하고 다만 가슴을 치며 이르되 하나님이여 불쌍히 여기소서 나는 죄인이로소이다 하였느니라 내가 너희에게 이르노니 이에 저 바리새인이 아니고 이 사람이 의롭다 하심을 받고 그의 집으로 내려갔느니라 무릇 자기를 높이는 자는 낮아지고 자기를 낮추는 자는 높아지리라 하시니라"_마18:9~14

13 구원받은 날짜를 기억해야 구원받나요?

주일 오후 예배 찬양을 인도하면서 성도들에게 질문했다. "성도님들. 사람이 태어난 날이 있으면 무슨 날이 있습니까?" 자연스럽게 성도들은 대답했다. "죽는 날이 있습니다." 내가 성도들에게 이렇게 질문한 이유가 있다. 주일 아침에 주일 학생들과 예배를 드릴 때였다. 나는 주일학교 학생들에게 설교했다. 그리고 이렇게 말했다.

"얘들아. 사람이 태어난 날이 있으면 무슨 날이 있을까?"

그 질문을 한 후 초등학교 2학년인 강민이로부터 예기치 못한 대답을 들었다.

"생일이요."

나는 그 말을 듣는 순간 웃음이 터져 나왔다.

교회에 들어서자 행정을 담당하는 김 간사는 내게 조그마한 수첩을 주었다. 길에서 주웠는데 이단에서 만든 것 같다고 하였다. 구원파에서 만든 성경암송수첩이었다. 수첩 첫 장을 열면 성명, 생년월일, 주소, 전화번호를 기록하게 되어 있다. 그런데 일반 수첩과는 다른 특이한 것이 하나 있었다. 그것은 "구원일"을 써넣는 것이었다. 거기에 97년 ○월 ○일이라고 기록되어 있었다. 왜 이들은 구원받은 날짜를 중요하게 생각하는 것일까? 그 이유는 구원받은 날짜를 기억해야만 구원받을 수 있다고 가르치기 때문이다. 그렇다면, 구원받은 날짜를 기억하는 것이 좋은 일일까? 안 좋은 일일까? 당연히 기억하는 것이 좋다.

"혹시 세례침례받으신 날짜를 기억하고 있습니까?" 이단 특강을 하면서, 이 질문을 하면 대부분의 사람은 기억을 못 하고, 대략 기억하는 경우가 많다. 그렇다고 그 사람들을 향해서 세례침례받은 날짜를 모르기 때문에 세례를 안 받은 것이라고 말할 수 있을까? 그럴 수 없다. 물론 세례받은 날짜를 기억 못 하는 것보다 기억하는 것이 자신의 신앙생활에 유익이 될 것이다.

그러나 문제는 여기에 있다. "구원받은 날짜를 기억해야 구원받는다"고 가르치는 것은 잘못된 것이다. 성경에는 그렇게 쓰여 있지 않다. 구원받은 날짜를 기억해야 구원받는 것이 아니라 예수님을 구주로 영접하면 구원받는 것이다. 다시 말하지만, 구원은 우리의 기억력에 근거한 것이 아니라, 하나님의 은혜에 있는 것이다.

> "너희는 그 은혜에 의하여 믿음으로 말미암아 구원을 받았으니 이것은 너희에게서 난 것이 아니요 하나님의 선물이라 행위에서 난 것이 아니니 이는 누구든지 자랑하지 못하게 함이라"_엡2:8~9

14 죄와 범죄는 다른 것입니까?

대학 안에서 이단들의 활동이 대단하다. 선교단체와 이단들은 학교의 정식 동아리로 인정을 받으려고 노력을 많이 한다. 그래야만 동아리 방도 얻고 학교 내에서 공신력을 얻을 수 있기 때문이다. 구원파도 예외가 아니다. 동아리로 가입되려면 기존 동아리 회장들의 동의를 받아야 한다. 어느 날 구원파도 동아리 가입을 위해 우리 선교회 동아리 방을 찾아왔다. 한국인 학생과 외국인 대학생이 같이 왔다. 외국인 학생은 선교활동을 위해 미국에서 왔다고 말했다. 우리는 이단 단체가 정식 동아리로 활동하는 일에 동의할 수 없다고 말했다. 그러자 외국 학생은 왜 자신들을 인정할 수 없는지 말해보라고 했다. 그는 다음과 같이 말을 했다.

"성경을 보세요. 성경 어디에도 죄를 용서받으라고 했지 범죄를 용서받으라고 한 적이 있습니까?"

죄는 원어로 '하마르티아'라고 한다. "과녁에서 빗나갔다"는 뜻이다. 즉 하나님의 뜻에 벗어난 사람들의 모든 말, 생각 그리고 행동이 죄다. 그렇다면, 범죄는 무엇인가? 죄를 범하는 행위를 말한다. 그런데 어떻게 죄와 범죄를 나눌 수 있겠는가! 다윗은 시편에서 다음과 같이 말하였다.

> "또 주의 종으로 고의로 죄를 짓지 말게 하사 그 죄가 나를 주장치 못하게 하소서 그리하시면 내가 정직하여 큰 죄과에서 벗어나겠나이다"_시19:13

예수님도 범죄에 대해서 단호하게 말씀하셨다.

> "만일 네 손이 너를 범죄케 하거든 찍어버리라 불구자로 영생에 들어가는 것이 두 손을 가지고 지옥 꺼지지 않는 불에 들어가는 것보다 나으니라"_막9:43

해외 단기선교를 갔을 때 선교사님 한 분이 이런 말을 했다.
"거짓말이 죄입니까?"
"도둑질이 죄입니까?"
"다른 사람을 죽게 하는 것이 죄입니까?"
그러면서 예를 하나 들었다.
"사과나무가 사과라는 열매를 맺기 때문에 사과나무입니까? 아니면 사과열매를 맺지 않으면 사과나무가 아닙니까? 죄도 마찬가지입니다. 성경은 죄Sin와 범죄 혹은 죄들sins을 나누고 있습니다. 거짓말, 도둑질은 범죄 혹은 죄들sins이지 죄가 아닙니다. 그래서 죄Sin와 죄들sins은 의미가 다른 것입니다."

이제 당신에게 묻고 싶다. 이 예화가 적절한 예화라고 생각하는가? 또 이것이 정말 성경에서 말하는 내용일까? 구원파 외국인 학생이 나에게 말한 것과 내가 단기선교 중에 만났던 선교사님의 생각을 정리하면 이렇게 말할 수 있다. 성경에는 '죄' Sin와 '죄들' sins이 있고 이것은 서로 다른 의미가 있다. 엄밀히 말하면 '죄'와 '죄들'은 틀린 것이다. 구원파 학생은 우리가 구원을 받으려면 해결해야 할 것은 '죄' Sin이지 '죄들' sins 혹은 '범죄'가 아니라고 주장하는 것이다. 물론 구원파에서 그렇게 가르치고 배웠기 때문이다. 또 내가 만난 선교사님은 우리가 구원을 받으려면 '죄' Sin를 회개하는 것은 구원을 위한 것이고, '죄들' sins을 회개하는 것은 구원과는 직접관련은 없지만 거룩한 삶을 사는 데 필요한 것이라고 말하는 것이다. 그래서 우리는 성경을 통해 이 문제에 접근해야 한다. 이제 다음의 성경구절을 보고 질문에 답해 보기 바란다.

1) "예수께서 배에 오르사 건너가 본 동네에 이르시니 침상에 누운 중풍병자를 사람들이 데리고 오거늘 예수께서 그들의 믿음을 보시고 중풍병자에게 이르시되 작은 자야 안심하라 네 죄 사함을 받았느니라"마9:1~2 여기에서 죄는 '죄' Sin일까? 아니면 '죄들' sins일까?

2) "세례침례 요한이 이르러 광야에서 죄사함을 받게 하는 회개의 세례침례를 전파하니 온 유대 지방과 예루살렘 사람이 다 나아가 자기 죄를 자복하고 요단강에서 그에게 세례침례를 받더라"막1:4~5 여기에서 죄는 '죄' Sin일까? 아니면 '죄들' sins일까?

3) "이러므로 내가 네게 말하노니 저의 많은 죄가 사하여졌도다 이는 저의 사랑함이 많음이라 사함을 받은 일이 적은 자는 적게 사랑하느니라 이에 여자에게 이르시되 네 죄 사함을 얻었느니라 하시니"눅7:47~48 여기에서 죄는 '죄' Sin일까? 아니면 '죄들' sins일까?

4) "너희는 스스로 조심하라 만일 네 형제가 죄를 범하거든 경계하고 회개하거든 용서하라 만일 하루 일곱 번이라도 네게 죄를 얻고 일곱 번 네게 돌아와 내가 회개하노라 하거든 너는 용서하라 하시더라" _눅17:3~4 여기에서 죄는 '죄' Sin일까? 아니면 '죄들' sins일까?

5) "그 후에 예수께서 성전에서 그 사람을 만나 이르시되 보라 네게 나았으니 더 심한 것이 생기지 않게 다시는 죄를 범치 말라 하시니" 요5:14 여기에서 죄는 '죄' Sin일까? 아니면 '죄들' sins일까?

내가 인용한 성경구절은 예수님의 행적과 말씀을 기록한 복음서에 있는 것이다. 예수님은 전도하실 때 죄사함을 말씀하셨다. 그렇다면, 영혼구원과 관련된 말씀이라고 한다면 모두 '죄' Sin라고 되어 있어야 할 것이다. 그런데 1~3번은 모두 복수형으로 '죄들' sins이고 4~5번은 단수형으로 '죄' Sin다. 원어 성경과 영어성경을 보면 쉽게 알 수 있다.

우리가 말하는 죄는 위에서 말한 것처럼 나누어질 수 있는 것이 아니다. 단지 쉽게 설명하기 위해 구분을 할 수는 있어도 '죄'와 '죄들'은 서로 다르거나 틀린 것이 아니다. 그래서 죄에 대해 통합적인 안목을 갖는 것이 필요하다.

철학 교수와 검사가 있는데 두 사람에게 과제를 주었다고 가정해 보자. 주제는 '죄'라고 정했다. 철학교수는 주로 죄의 본질과 원인에 대해서, 검사는 어떤 사람의 범죄 행위를 구체적으로 규명하고 벌을 얼마나 주어야 하는지를 자신의 이야기를 할 것이다. 한쪽은 죄의 기원과 본질을 다룬다면, 다른 한쪽은 범죄 행위와 처벌에 대해서 글도 쓰고 말을 할 것이다.

마찬가지로 성경의 저자들은 죄에 대해서 기원과 본질을 다루기도하지만, 죄의 구체적인 항목과 그 대가에 대해서도 상세하게 다루고 있다. 그렇다고 성경에서 말하는 죄가 '죄'와 '죄들'로 나누어지고, 이렇게 두 개가 존재하는 것은 아니다. 그것은 죄를 어떤 관점에서 보았느냐의 차이일 것이다. 예수님을 알지 못하고 살아가는 사람이 전도를 받고 자신의 죄를 깨달아 회개하는 것이 필요하고, 생활 속에서 하나님의 뜻을 벗어난 행동과 마음, 생각에 대해서도 회개하는 것이 필요하다. 왜냐하면, 하나님을 인정하지 않는 것도 죄가 되고, 생활 속에서 범하는 거짓말, 다툼도 죄이기 때문이다.

15 깨달아야 구원받습니까?

한 청년이 친구를 따라 예배에 참석했다. 예배가 끝나고 청년과 반갑게 인사를 나누었다. 그 청년은 자신이 구원파에 다니고 있는데 왜 자신이 속한 곳을 이단이라고 하는지 궁금해서 방문했다고 말했다. 구원파는 세 부류가 있다. 그중에 홍보를 많이 하는 곳이 있는데 내가 만난 청년은 다른 구원파에 출석하고 있었다. 나는 질문을 했다.

"홍보를 많이 하는 그곳과 어떤 차이가 있습니까?"

홍보를 많이 하는 구원파는 자기 단체를 많이 알리는 데 주력하는 반면 자신들은 묵묵하게 성경을 배우는 곳이라고 소개했다. "아! 이단 안에도 진보와 보수가 있는가 보네"라고 속으로 생각했다. 그 청년과 대화 가운데 구원에 대한 이야기가 나왔다. 청년은 이렇게 말했다.

"성경을 읽다가 말씀을 깨달아서 구원을 받게 되었습니다."

당신은 어떻게 생각하는가? 사실 이 말은 매우 모호한 말이다. 왜냐하면, 예수님의 말씀을 깨닫지 못한 사람들은 두 부류가 있었다. 하나는 예수님의 제자들이었고, 다른 하나는 서기관, 바리새인 그리고 사두개인이었다. 예수님의 말씀을 깨닫는 것에 대해 마가복음을 보면 잘 나와 있다. 다음에 나오는 성경구절은 예수님께서 제자들이 깨닫지 못하는 것을 안타까워하시는 말씀이다.

"배에 올라 저희에게 가시니 바람이 그치는지라 제자들이 마음에 심히 놀라니 이는 저희가 그 떡 떼시던 일을 깨닫지 못하고 도리어 그 마음이 둔하여졌음이러라"_막6:51~52

"무리를 떠나 집으로 들어가시니 제자들이 그 비유를 묻자온대 예수께서 이르시되 너희도 이렇게 깨달음이 없느냐 무엇이든지 밖에서 들어가는 것이 능히 사람을 더럽게 하지 못함을 알지 못하느냐"_막7:17~18

"제자들이 서로 의논하기를 이는 우리에게 떡이 없음이로다 하거늘 예수께서 아시고 이르시되 너희가 어찌 떡이 없음으로 의논하느냐 아직도 알지 못하며 깨닫지 못하느냐 너희 마음이 둔하냐 … 가라사대 아직도 깨닫지 못하느냐 하시니라"_막8:16~17, 21

"이는 제자들을 가르치시며 또 인자가 사람들의 손에 넘기워 죽임을 당하고 죽은 지 삼 일 만에 살아나리라는 것을 말씀하시는 연고더라 그러나 제자들은 이 말씀을 깨닫지 못하고 묻기도 무서워하더라"_막9:31~32

제자들은 예수님의 말씀을 깨닫지 못했다. 이런 제자들의 모습을 보신 예수님은 안타까워하셨고, 때론 책망하셨다. 그러나 예수님께서 제자들을 책망하시고 깨달음이 없는 것을 지적하신 이유는 그들이 구원을 받지 못했기 때문이 아니다. 구원받은 하나님의 자녀가 되었지만 성숙한 신앙으로 나아가지 못하는 것에 대한 안타까움 때문이었다. 예수님의 말씀을 제대로 깨닫지 못한 제자들이 구원받지 못했다고 말할 수 있을까? 그렇지 않다. 구원받은 하나님의 자녀라 할지라도 말씀을 깨닫지 못할 수 있다. 그래서 우리는 말씀을 읽을 때에 성령님의 도우심으로 깨달을 수 있도록 기도해야 한다.

다음의 성경구절은 예수님의 말씀에 대해 깨닫지 못한 바리새인, 서기관 그리고 사두개인에 대한 것이다. 이들은 어떻게 해서든 예수님의 말씀 안에서 흠을 찾아내려고 하였다. 그 이유는 사람들의 마음이 예수님께 집중되는 것을 막기 위해서였다. 또 자신들의 기득권을 끝까지 지키려는 노력이었다. 그들은 예수님을 자신들의 기득권을 흔드는 최고의 적이라고 느꼈다. 그래서 예수님을 제거하려고 했던 것이다.

> "바리새인들과 또 서기관 중 몇이 예루살렘에서 와서 예수께 모였다가 … 너희의 전한 유전으로 하나님의 말씀을 폐하며 또 이같은 일을 많이 행하느니라 하시고 무리를 다시 불러 이르시되 너희는 내 말을 듣고 깨달으라"_막7:1, 13~14

> "부활이 없다 하는 사두개인들이 예수께 와서 물어 가로되 … 예수께서 가라사대 너희가 성경도 하나님의 능력도 알지 못하므로 오해함이 아니냐"_막12:18, 24

제자들과 이스라엘 종교 지도자들 모두 예수님의 말씀을 깨닫지 못했다. 그러나 제자들과 이스라엘 종교지도자들 사이에는 차이점이 있다. 비록 깨닫지 못한 제자들이었지만 그들은 예수님과 항상 함께 있었다. 동행했다. 자신들의 부족함으로 깨닫지 못한 것을 예수님의 가르침을 통해 배우려고 하였다. 다 알지 못해도 말씀을 사모하는 마음이 있었다. 신앙 생활하면서 이런 경우가 많다. 비록 말씀을 모두 깨닫지 못했다 하더라도 한 가지 분명한 것은 예수님을 사랑하고 동행하는 것이다. 이것이 구원받은 사람의 특징이다.

반면 이스라엘 종교 지도자들은 제자들과 달랐다. 예수님을 찾아오는 목적이 틀렸다. 말씀의 참뜻을 알려고 하기보다는 자신들의 기득권을 지키려고 예수님의 말씀 중 잘못된 내용이 있는지에 대한 관심뿐이었다. 말씀을 듣는 태도가 근본적으로 달랐다. 지금도 마찬가지라고 생각한다. 그래서 말씀을 듣는 목적과 우리의 태도를 항상 점검해 볼 필요가 있다.

사실 구원파 청년이 말한 "성경을 깨달아야 구원받는다"는 말은 모호한 말이다. 그래서 우리는 정확하고 분명한 성경의 가르침에 주목해야 한다. 예수님은 구원 얻는 방법에 대해 이렇게 말씀하셨다.

> "제자들이 심히 놀라 서로 말하되 그런즉 누가 구원을 얻을 수 있는가 하니 예수께서 저희를 보시며 가라사대 사람으로는 할 수 없으되 하나님으로는 그렇지 아니하니 하나님으로서는 다 하실 수 있느니라"_막10:26~27

그리고 하나님께서는 우리에게 구원 얻는 방법을 주셨다. 요한복음 3장 16절은 다음과 같이 기록되어 있다.

> "하나님이 세상을 이처럼 사랑하사 독생자를 주셨으니 이는 저를 믿는 자마다 멸망치 않고 영생을 얻게 하려 하심이니라"_요3:16

그리고 바울은 구원 얻는 방법을 에베소서 2장 8절, 9절에 다음과 같이 말하고 있다.

> "너희가 그 은혜를 인하여 믿음으로 말미암아 구원을 얻었나니 이것

이 너희에게서 난 것이 아니요 하나님의 선물이라 행위에서 난 것이 아니니 이는 누구든지 자랑치 못하게 함이니라."_엡2:8~9

영어성경을 보면 '은혜를 인하여'는 'by grace'로 되어 있다. 즉 구원은 하나님의 은혜에 의해서만 얻을 수 있다. 또 '믿음으로 말미암아'는 'through faith'로 쓰여있다. 이것은 우리의 믿음을 통해서 구원이 이루어지는 것을 말한다. 그래서 종합하면 하나님의 은혜를 우리가 믿음으로 받을 때 하나님이 주시는 선물 즉 구원을 얻을 수 있게 된다.

16 교회에서 가장 듣기 싫은 질문 아십니까?

특강을 할 때면 꼭 이 질문을 한다.

"여러분. 제가 질문을 하나 드리겠습니다. 교회에서 가장 듣기 싫은 질문이 있는데 그게 무엇인지 아십니까?"

그런데 놀랍다. 정말 놀랍다. 왜냐하면, 내가 방문했던 모든 교회가 맞추었기 때문이다. 그것도 질문이 떨어지기 무섭게 맞춘다는 것이다.

"구원의 확신 있는 사람 손들어 보세요."

"오늘 죽어도 천국에 갈 수 있다는 믿음 있는 사람 손들어 보세요."

나는 신앙생활을 하는 집안에서 태어났기 때문에 교회에 다니는 것은 내 생활의 일부였다. 중학생이 되면서 어른들과 함께 예배를 드렸다. 그때를 생각하면 고통스러웠다. 주일학교에서 부르는 찬송도 아니고, 시키면 성경책과 찬송가를 보면서 예배를 드리는 것이 중학생인 나에게는 쉬운 일이 아니었다. 찬송을 부를 때는 입을 다물고 있었고, 목사님께서 설교하실 때는 잠을 잤다. 부모님은 몇 번을 깨우다가 포기했다. 그런데 신기하게도 설교가 끝나면 잠이 깼다. 목사님이 축도하실 때는 해방의 순간을 맞는 것 같았다. 이렇게 어른들과 함께 예배를 드리면서 구원이라는 말에 대해 생각할 시간이 있었다. 목사님은 가끔 예배 시간에 "구원의 확신 있는 사람 손들어 보라"고 하셨다. 나는 그때까지 구원에 대한 확신이 없었다. 정말 그 질문이 싫었다. 차라리 헌금을 많이 내라고 말씀하시면 좋겠다고 생각했다. 시간이 지나면서 이 질문을 받을 때마다 마음이 답답해졌다. 주위에 친구들도 함께 있었기 때문에 그때마다 손을 어깨 높이까지만 올렸다가 바로 내렸다. 당시 내 생각에는 교회생활 열심히 하면 손을 조금 높이 올릴 수 있다고 생각했다. 예배 안 빠지고 학생부 활동 열심히 하면 어깨 위로 손이 올라갔다. 그렇지 못한 때는 어깨 밑으로 손을 번쩍 올렸다 내렸다.

중학교 2학년 여름에 금산에 있는 시골교회로 수련회를 갔다. 전도사님을 포함해 모두 아홉 명이었다. 기도회 시간에 우리는 함께 찬양을 하고 기도를 시작했다. 시골 교회 마루에 무릎을 꿇고 기도했다. 그런데 내 앞에서 기도하는 형의 모습을 쳐다보았다. 상필이 형은 열정적으로 기도하였다. 마루를 두 주먹으로 두드리면서 온 힘을 다해 기도하였다. 나는 그 모습을 보면서 이런 생각을 했다.

"저렇게 기도하면 하나님 만날 수 있을까?"

그래서 나도 상필이 형처럼 바닥을 두드리고 소리를 크게 지르면서 기도했다. 기도회가 끝나도 아무런 느낌이 없었다. 단지 내가 느낀 것은 목이 아프다는 것뿐이었다. 중학교 2학년 변성기에 소리를 질렀더니 수련회 기간 목이 아파서 소리를 제대로 낼 수가 없었다. 그러면서 내 인생의 큰 과제인 '구원의 확신'과의 씨름이 본격적으로 시작되었다.

중학교 2학년 겨울에 청주에 있는 기도원에서 수련회가 열렸다. 저녁 아홉 시가 되면 전도사님의 인도로 산기도를 하려고 산으로 올라갔다. 날씨는 춥고 바닥은 미끄러웠다. 숲 속에 도착하면 전도사님은 이렇게 말씀을 했다.

"오늘 자기 앞에 있는 나무를 하나씩 뽑아야만 산에서 내려갈 수 있다."

칠흑같이 어두운 밤, 숲 속에 자리를 잡고 앉았다. 그리고 내 앞에 있는 나무를 만져봤다. 두꺼운 나무는 뽑을 수 없으니까 최대한 작고 얇은 나무를 찾았다. 그리고 기도회가 본격적으로 시작되었다. 기도회가 한 시간 남짓 되었기 때문에 그때까지는 견디고 있어야 했다. 기도를 어떻게 해야 할지 몰랐다. 단지 나는 이렇게 기도했다.

"하나님. 내 옆에 있는 철환이에게 믿음 주시고, 원석이 형에게 믿음 주시고, 천배 형에게 믿음 주시고, 양배에게 믿음 주시고, 영환이 형에게 믿음 주시고, 내 동생 주영이에게 믿음 주시옵소서."

그리고 여자 친구들의 이름을 불러가면서 똑같이 기도했다. 오 분이 흘렀다. 그리고 나는 앞에 있는 나무를 뽑을 심정으로 마구 흔들었다. 그러다가 마땅히 할 말도 없고, 조용히 앉아 있었다. 그리고 또 기도를 시작했다.

"하나님. 내 옆에 있는 철환이에게 믿음 주시고, 원석이 형에게 믿음 주시고, 천배 형에게 믿음 주시고, 양배에게 믿음 주시고, 영환이 형에게 믿음 주시고, 내 동생 주영이에게 믿음 주시옵소서."

조금 전에 했던 기도를 또 하고, 또 나무를 흔들었다. 이러기를 계속 반복했다. 보이지 않는 곳에서 전도사님의 찬송 부르는 소리가 들리면 이제 내려가야 할 시간이라는 것을 알게 되었다. 그러나 구원의 확신이라든지 믿음의 충만은 느낄 수가 없었다. 방언하는 친구를 보면 하나님이 그 친구만 사랑하시는 것 같았다. 그다음 해 겨울 수련회에도 산기도 순서가 있었다. 정말 하나님이 존재하신다면 만나보고 싶었다. 나도 무엇인가를 보여 드리고 싶었다. 나는 눈밭 위에서 양말을 벗었다. 바지를 무릎까지 올렸고, 상의를 벗었다. 이상한 행동이었지만 나는 정말로 하나님 만나고 싶었다. 죽을 힘을 다해 소리 질렀다. 목만 아플 뿐이었다. 옆에서 방언으로 뜨겁게 기도하던 원석이 형의 목소리가 갑자기 들리지 않았다. 눈을 떠보니 형이 없어졌다. 알고 보니 열정적으로 기도하다가 그만 산 밑으로 굴러 떨어진 것이다. 그런데 조금 후에 다시 올라와서 뜨겁게 기도하였다. 내게도 그런 열정이 불타올랐으면 좋겠다는 마음만 가득했다. 고등학생이 되어 학생회장이 되었다. 드디어 때가 왔다고 생각했다. 하나님이 만나주실 때가 되었다고 생각하니 기대가 되었다. 그런데 시간만 흐르고 다른 사람들이 말하는 구원의 확신과 하나님의 임재는 느낄 수가 없었다. 하루는 내 방에서 이렇게 말하였다.

"하나님 정말 계시면 지금 제 앞에 나와보세요. 보는 사람도 없으니까요."

우스운 소리 같지만 내 마음만큼은 진심이었다. 그렇게 시간이 흘러 입시를 앞둔 수험생이 되었다. 주일에도 예배를 마치면 학교에 갔다. 백일이 채 남지 않았고, 어머니는 금요기도회에 참석하셨다. 그리고 다음과 같이 말씀하셨다.

"은규와 철환이도 금요기도회에 나오더라."

두 친구는 나와 같은 고 3 수험생이었다. 나는 비웃었다. 그리고 얼마 후 어머니는 금요기도회를 다녀오시더니 나에게 이렇게 말씀했다.

"주원아. 은규하고 철환이는 기도회 때 방언 받았더라."

나는 정말 충격을 받았다. 그러나 어머니 앞에서 내색은 하지 않았다. 그리고 뒤돌아서서 이렇게 말했다.
"하나님 정말 치사하다."
사실 나도 방언의 은사를 받고 싶었다. 그래서 철환이나 은규보다 학생회 활동도 더 열심히 했다. 친구초청집회가 있을 때 다른 친구들이 따라올 수 없을 만큼 우리 반 학생들을 많이 데리고 왔다. 그런데 하나님은 나의 노력은 안 보시고, 다른 친구들을 편애한다고 생각했다. 입시를 본 결과가 발표되던 날 나는 전기前期시험을 실패했다. 그런데 철환이와 은규는 모두 합격했다. 나의 좌절은 정말 컸다. 정말 하나님이 나를 버렸다고 느꼈다. 후기 시험에도 실패하면 공장을 다녀야 한다는 걱정이 앞섰다. 그때까지 대학에 진학하지 못하면 공장에 다니는 줄 알았기 때문이다. 그런데 간신히 후기 시험에 합격했다. 안도의 한숨과 함께 이런 생각을 하게 되었다.
"성경에 나오는 어떤 여인이 예수님께 부스러기 은혜를 구했지. 좋다. 나는 큰 은혜 바란 적도 없으니까 정말 부스러기 은혜 한번 받아보자. 예배당은 하나님의 집이니까 앞으로 일 년 동안 토요일마다 청소하자. 그러다 보면 하나님이 너무 불쌍해서 만나주실지도 몰라."
토요일이 되면 교회로 갔다. 그리고 본당을 청소했다. 사실 토요일마다 어른들이 순서를 정해서 청소를 하고 있었다. 내가 청소를 하게 되면서 청소 담당자의 할 일이 없어졌다. 그리고 교회에 소문이 돌기 시작했다.
"주원이가 대학에 가더니 믿음이 더 좋아졌어."
나는 믿음을 가져보려고 시작한 일인데 오히려 내 마음과는 달리 믿음이 충만한 청년으로 소문이 난 것이다. 그런 소문에 신경 쓰지 않고 계속 청소했다. 곧 부스러기 은혜를 받게 될 것이라는 기대감이 나를 행복하게 했다. 그러던 어느 날 몸이 불편하신 외할머니를 교회에 모셔다 드리고 돌아오는 길에 오토바이와 부딪히는 사고를 당했다. 아찔했다. 다행히 크게 다치지 않았다. 그러나 다음날 몸이 아파서 학교에 갈 수 없었다. 나는 교회로 갔다. 자꾸 눈물만 났다. 난 잘 믿고 싶은 마음밖에 없고, 부스러기 은혜만 있으면 되는데 왜 사고를 당해야 하는지 이해할 수가 없었다. 그 이후에는 아르바이트하다가 손가락을 다치게 되었다. 그때는 정말 절망적이었다. 학교생활은 너무 무의미했고, 삶은 재미가 없었다. 그러던 가운데 대학에 같이 입학한 고등학교 선배를 알게 되었다. 얼굴을 봐서는 도저히 교회 다닐 것 같지 않았다. 그러나 그는 열심히 복음을 전하고, 예수님을 배우는 선교단체 동아리에서 활동하고 있었다. 그래서 나도 그곳에 들어갈 수 있는지 물어보았다. 가능한 일이라고 했다. 그러나 쑥스러워서 갈 수가 없었다. 쉬는 시간에 법학과 선배가 나를 찾아왔다. 내 고등학교 선배가 알려 준 것이다. 나는 수업을 마치고 동아리방을 방문했고, 학교에서 하나님을 믿는 선배, 동기들을 알아가게 되었다. 내 생활의 활력소가 되었다. 아침에는 큐티로 하루를 시작했다. 점심에는 찬양모임, 저녁에는 기도모임으로 하루를 마무리하였다. 그리고 법학과 선배와 함께 소그룹성경공부를 하였다. 재미는 없었지만 친절한 선배였기에 잘 따라다녔다. 그 선배는 지금 필리핀에서 선교사역을 하는 선교사가 되었다. 내 평생의 은인 중의 한 사람이다.

대학생 여름수련회와 순례전도를 하면서 잊을 수 없는 방학을 보냈다. 하나님께서 이전보다 가까이 계신 것 같았다. 그러나 구원의 확신을 묻는 말에는 자신이 없었다. 1990년 2학기 개강을 하게 되었고, 1학기와 마찬가지로 신명근 선배와 같이 소그룹모임을 통해 성경공부를 하였다. 졸음이 오던 오후 시간이었다. 신명근 선배는 성경을 찾아보자고 말하였다. 나는 성경구절을 찾아보았다. 그 구절은 이렇게 기록되어 있었다.

"영접하는 자 곧 그 이름을 믿는 자들에게는 하나님의 자녀가 되는 권세를 주셨으니"_요1:12

이 말씀을 읽는 순간 놀라운 일이 생겼다. 요한복음 1장 12절 말씀이 내 가슴 안으로 쑥 들어왔다. 그리고 그동안 믿어보려고 노력해도 그렇게 안 믿어지던 일들이 모두 강한 확신으로 믿어지게 되었다. 마치 물을 마시는 것과 같이 자연스러웠다. 너무 이상해서 안 믿어보려고 했는데 안 믿을 수가 없게 되었다. 그날 밤에 침대에 누워서 안 믿어보려고 시도했는데 도저히 안 되는 일이었다. 그 다음 날도 내 안에 일어난 확신은 변하지 않았다.

"아! 내가 그동안 왜 이 말씀을 몰랐지? 영접하면 하나님의 자녀가 되는 권세가 주어진다는 것을 왜 몰랐지?"

나에게 구원의 확신과 믿음을 주신 하나님께 정말 감사드렸다. 그리고 며칠 후 하나님께 이렇게 기도를 드렸다.

"하나님. 저 주원이예요. 저에게 일어난 이 놀라운 일 때문에 너무 행복하고 감사합니다. 그런데 제가 중학교 때 그렇게 하나님을 만나고 싶어한 것 잘 아실 텐데, 왜 이제야 만나주시고 확신을 주신 거죠? 만약 그때 이런 믿음을 주셨다면 제가 청소년 시절을 그렇게 고민하면서 보내지 않아도 됐잖아요?"

그런데 내 마음에 하나님의 음성이 들렸다. 그리고 이렇게 말씀하셨다.

"사랑하는 주원아. 네가 나를 간절히 알기 원한다는 것을 나는 잘 알고 있었다. 그런데 너는 중학생이 되어서부터 나를 잘 알기를 원했지만 나는 너를 네 엄마 모태에서부터 지금까지 기다렸다."

나는 너무 생생한 그 음성을 듣는 순간 울고 말았다. 나보다 나를 더 기다리신 분이 계시다는 사실을 알게 된 순간 나의 불평은 그치게 되었다. 그해 12월 학생회 수련회를 준비하면서 저녁마다 준비기도회를 했다. 합심기도회를 인도하던 나에게 새로운 일이 일어났다. 혀가 꼬이면서, 이상한 소리를 내기 시작했다. 하나님은 나에게 방언의 은사를 주신 것이다.

지나온 시간을 돌이켜 볼 때 어둡고 긴 터널을 지나온 것 같다. 그러나 하나님을 실제로 경험하게 되면서 어둡고 긴 터널 같던 그 시간이 나에게 큰 의미가 있었다는 것을 깨닫게 되었다. 어떤 사람들은 이것을 '영혼의 어두움'이라고 했다. 마치 하나님이 나를 버린 것과 같다고 느끼는 상태를 말한다. 그러나 영혼의 어두움을 지나고 나면 하나님의 찬란한 빛이 있음을 알게 된다. 그리고 나의 경험이 다른 누군가를 섬기기 위한 과정이었음을 깨달았다. 비록 내가 만난 적도 없고, 이름도 모르는 수많은 사람. 나와 같이 구원의 확신과 믿음을 갖길 원하는 사람의 마음을 이해할 수 있게 되었다. 그리고 그들이 내 주위에 있다면 신앙의 여정에 외롭지 않도록 동행해주는 사람이 되려고 이런 경험을 하게 되었다고 느꼈다.

이제 성인이 되어 생각해보니 교회에서 가장 부담스러운 질문이 무엇일까 고민해 보면서 구원의 확신을 물을 때라는 생각이 들었다. 그리고 이단 세미나를 인도하게 되면서 "왜 사람들이 이단에 이렇게 미혹될까?"라는 고민을 하다가 구원의 확신에 문제가 있기 때문이라는 생각이 들었다. 그런데 이단은 교회 다니는 사람들의 심리를 너무나 잘 알고 있기 때문에 이런 부분을 교묘하게 이용한다. 이 말이 별로 공감이 안 되는 사람도 있을 수 있다. 그러나 교회 안에서 구원의 확신을 늘 고민하는 사람들에게는 참으로 힘든 것이라는 것을 사역자들이 함께 느꼈으면 좋겠다. 그렇다면, 구원의 확신을 고민하는 사람을 어떻게 도울 수 있을까?

첫째, 성경으로 확신을 주어야 한다. 홍수에 마실 물이 없다. 목마름을 해결할 수 있는 생수 한 병이면 충분하다. 구원의 확신을 갖길 원하는 사람에게 구원과 관련된 말씀을 보여 주면서 이해시키고 믿게 해 주어야 한다. 이때 중요한 것은 직접 성경 구절을 손으로 만지고, 눈으로 보도록 해야 한다. 할 수 있다면 밑줄을 긋도록 해야 한다. 또 하나의 방법은 전도 소책자를 이용하는 방법이다. 소책자를 가지고 다니면서 매일 읽고 생각하도록 지도하는 것이 좋다. 다음은 내가 구원의 확신을 고민하는 사람들을 도우려고 사용하는 성경구절이다.

"하나님이 세상을 이처럼 사랑하사 독생자를 주셨으니 이는 그를 믿는 자마다 멸망하지 않고 영생을 얻게 하려 하심이라"_요3:16

"모든 사람이 죄를 범하였으매 하나님의 영광에 이르지 못하더니 그리스도 예수 안에 있는 속량으로 말미암아 하나님의 은혜로 값없이 의롭다 하심을 얻은 자 되었느니라"_롬3:23~24

"죄의 삯은 사망이요 하나님의 은사는 그리스도 예수 우리 주 안에 있는 영생이니라"_롬6:23

"한번 죽는 것은 사람에게 정해진 것이요 그 후에는 심판이 있으리니"_히9:27

"예수께서 이르시되 내가 곧 길이요 진리요 생명이니 나로 말미암지 않고는 아버지께로 올 자가 없느니라"_요14:6

"다른 이로써는 구원을 받을 수 없나니 천하 사람 중에 구원을 받을

만한 다른 이름을 우리에게 주신 일이 없음이라 하였더라"_행4:12

"영접하는 자 곧 그 이름을 믿는 자들에게는 하나님의 자녀가 되는 권세를 주셨으니"_요1:12

"네가 만일 네 입으로 예수를 주로 시인하며 또 하나님께서 그를 죽은 자 가운데서 살리신 것을 네 마음에 믿으면 구원을 받으리라"_롬10:9

둘째, 기도를 통해 확신시켜 주어야 한다. 기도를 할 때에 생각나는 대로 하지 말고, 구원과 관련된 말씀을 붙들고 기도하도록 지도하는 것이 좋다. 할 수 있다면 구원과 관련된 성경을 암송하는 것이 유익하다. 특히 암송한 성경을 근거로 기도할 때 더욱 힘이 생긴다. 그리고 기도하면서 하나님의 도우심을 간절히 구해야 한다.

셋째, 격려해 주어야 한다. 내가 구원의 확신을 하기까지 오랜 시간이 걸렸다. 그렇다고 하나님이 나를 버리셨거나 무시해서가 아니다. 이런 과정을 통해 하나님의 뜻을 깨닫게 하시는 것이다. 특히 하나님께서 일하시는 방법을 말해 주면 좋을 것 같다. 하나님은 하나님의 때에 하나님의 사람을 통해, 하나님의 방법으로 일하시는 분이다. 하나님의 때를 기다리도록 격려하고 용기를 주길 바란다. 그렇게 고민해 본 사람이 그와 똑같이 고민하는 사람들을 돕고 세우는 일에 반드시 쓰임 받게 될 것이다.

넷째, 함께 예배드리는 시간에 구원으로 초청하는 시간을 갖도록 한다. 구원과 관련된 본문의 말씀을 함께 듣고 구원으로 초청하도록 함으로 도움을 줄 수 있다. 이때 구원의 확신이 없는 사람을 위해서 인도자가 함께 영접기도를 해주는 것이 좋다. 그럴 때 그들도 용기를 내어 자신의 목소리로 기도할 수 있게 된다. 나는 사람들을 구원으로 초청할 때 다음과 같은 기도문으로 함께 기도한다.

"하나님 아버지, 나의 죄를 대신하여 십자가에 돌아가신 예수 그리스도를 나의 구세주로 믿고 주님으로 영접합니다. 나의 죄를 용서해 주시고 영원한 생명 주심을 감사합니다. 내 안에 오셔서 삶을 인도하시며 주님의 뜻대로 살게 해 주옵소서. 예수님의 이름으로 기도합니다. 아멘."

17 잘할 수 있는 것과 잘할 수 없는 것

길을 걷고 있었다. 문득 이런 생각이 들었다.

"교회를 오래 다니면 잘할 수 있는 것과 오래 다녀도 잘할 수 없는 것이 무엇일까?"

잘할 수 있는 것은 교회봉사다. 주일학교 선생님을 처음으로 하는 사람과 십 년 한 사람이 여름성경학교를 준비한다고 생각해 보라. 처음 주일학교 선생님을 하는 사람은 무엇부터 준비해야 할지 고민이 많아진다. 그러나 십 년 한 사람은 자기 반뿐만 아니라 주일학교에서 공통으로 무엇을 준비해야 하는지 감각적으로 안다. 식탁봉사, 차량봉사, 주차봉사도 모두 마찬가지다. 아버지는 예배시간에 교회 광고 순서를 맡고 있었다. 항상 교인들 앞에 서면 이렇게 말을 했다.

"교회 소식을 알려 드리겠습니다."

몇 년을 하시다 보니 내가 아버지 멘트를 외웠다. 나는 친구들과 함께 앉아 있었다. 아버지께서 광고를 시작하려고 할 때 나는 아버지께서 할 말을 먼저 조용하게 말했다.

"교회 소식을 알려 드리겠습니다."

잠시 후 아버지는 말했다.

"교회 소식을 알려 드리겠습니다."

내 주위에서 웃음이 터져 나왔다. 교회를 오래 다니면 봉사하는 일에 익숙해져서 잘하게 된다.

그런데 교회를 오래 다녀도 안 되는 게 있다. 그것은 성경을 아는 것이다. 설교도 많이 듣고 열심히 교회에 봉사한다고 했지만, 성경을 펴면 무슨 말인지 몰라서 덮어버렸다. 성경을 아는 것은 시간이 해결해 주는 것이 아니라는 것을 길을 걷다 깨달았다. 사실 아주 단순한 것이다. 학교만 다닌다고 공부가 되는 것은 아니다. 머리에 '필승' 혹은 '공부타도'라는 띠를 띠고 열정적으로 책을 보고 공부를 해야 지식을 습득한다. 하물며 대충 성경을 읽어서는 깊은 뜻을 알 수가 없다. 그래서 교회에서 성경공부가 필요하다. 더 나아가 성경공부를 잘 인도하려면 훈련을 받아야 한다. 훈련되고 준비된 성경교사를 통해 말씀을 배우면 믿음이 잘 자라게 된다.

3부

영지주의 이단과 진검승부하라!

18. 그것이 알고 싶다. 전남대 기독교 동아리 제명사건!

'캠퍼스 부흥 영적 대각성 집회'. 2001년 3월 29일, 30일. 천여 명의 청년이 전남대 대강당에 모였다. 이틀 동안 김남준 목사님의 귀한 말씀으로 집회가 진행되었다. 그런데 행사 이후 얼마 있지 않아 전남대 기독교 동아리 다섯 단체가 제명을 당하는 사태가 벌어졌다. 그날 이후 캠퍼스에서는 무료로 성경을 가르친다는 단체와 전면전이 벌어지게 되었다.

며칠 전 두 명의 전도사와 대화를 하는데, 오래전의 전남대 기독교 동아리 제명사건을 기억하고 있었다. 그도 그럴 것이 이단 세미나 또는 대학 내에서 활동하는 이단들을 경계해야 하는 이유를 강의할 때면 전남대 사건을 빼지 않고 소개할 만큼 한국교회 안에서도 큰 이슈가 된 사건이었다.

전남대에서 김남준 목사님이 첫날 저녁집회를 인도했다. 많은 청년이 말씀을 들으려고 모였다. 저녁 시간이라 허기진 배를 채울 수 있도록 음료수와 초코파이도 나누어 주고, 입장하는 사람들에게 안내위원들이 순서지를 나누어 주었다. 그런데 순서지를 보는 순간 깜짝 놀랐다. 순서지 한 면에 익숙한 내용이 있었다. 그건 다름 아닌 내가 교회 신입생들에게 이단에 빠지지 않게 하려고 광주 지역 대학에서 활동하는 이단 단체명을 기록한 자료였다.

"아니 이 자료가 왜 여기에 있지?"

교회에 돌아와서 알게 되었다. 청년부 목사님이 학원복음화협의회 총무 목사님께 메일로 보내 주었던 것이다. 다행히 내가 만든 자료는 정확성에 문제는 없었다. 그런데 행사를 주관하는 측에서 내 자료 외에 더 첨가하여 순서지를 만들었다. 문제는 주의해야 할 이단들을 소개하는 과정에서 실수가 있었다. 전남대 가톨릭 동아리를 그만 이단으로 잘못 생각하고 인쇄물에 실은 것이다. 이것이 빌미가 되었다. 당시 전남대 동아리 연합회를 이단 소속 학생들이 장악하고 있었고, 동아리 규정에 타 동아리 비방행위가 제명요건이 된다는 근거를 가지고 전남대 기독교 동아리를 제명해 버린 것이다. 이 사건으로 캠퍼스 선교단체는 상당한 어려움을 겪었다. 그러나 자체적으로 문제를 극복하려는 노력과 더불어 지역교회의 관심과 후원이 큰 힘이 되었다.

하루는 다급한 전화를 받게 되었다. 전남대를 다니는 재일이에게서 전화가 왔다. 전남대 기독학생들과 무료로 성경을 가르친다는 단체의 신도들이 대치하고 있다는 것이었다. 이단 단체는 기독학생 수보다 많은 두 배의 인원이 동원되었다. 문제의 시작은 학교 안에서 기독학생들이 무료로 성경을 가르친다는 단체의 실상을 알리는 전단을 배포하는 과정에서 일어났다. 이 사실을 알게 된 이단은 신도들을 대거 학내로 들어오게 해서 심한 욕설과 몸싸움을 벌이며, 심각하게 대치하게 되었다.

여러 사건과 일들이 학내에서 있었고, 피나는 노력이 있었다. 그리고 이단과의 영적전쟁은 2004년이 되어 일단락 지어졌다. 선교단체와 지역교회는 긴밀한 관계를 형성하면서 이단을 대처했고, 그 결실을 보게 된 것이다. 동아리 연합회를 장악하고 있던 무료로 성경을 가르친다는 회원들에 대한 탄핵이 결정되었다. 무려 4년 동안 동아리 연합회를 장악했던 세력들이 캠퍼스 내에서 더는 양성적으로 활동하는 것을 막고, 무력화시키게 된 것이다. 2009년 전남대 전체 동아리 회의에서는 젊은 여성 신도들을 성적으로 짓밟던 유명한 단체의 동아리가 제명되기도 했다.

19 왜 한글 성경만 보나요?

며칠 전 신학대학원 신학생들에게 이단특강을 했다. 그리고 문자를 하나 받았다.

"오늘 강의들은 신대원 학생인데요. 이단은 왜 한글 성경만 보나요? 왜 원어 성경에 명확하게 나온 부분을 우기는 거죠? 안 본다면 왜 안 보나요. 너무 궁금했는데 시간이 없어 질문을 못 했습니다."

요즘은 성경을 원어로 볼 수 있는 책과 컴퓨터 프로그램이 많이 나와 있다. 그래서 평신도들도 얼마든지 관심만 있다면 쉽게 볼 수 있게 되었다. 그러나 평신도 대부분은 교회에서 사용하는 한글 성경 외에는 읽지 않는다. 왜냐하면, 한글 성경을 가지고 신앙 생활하는데 아무런 지장이 없기 때문이다. 얼마 전 많은 교회가 개역 한글판에서 개역개정판으로 번역된 성경을 사용하기로 하였다. 그러나 이단들은 개역 한글판을 여전히 사용하고 있다. 그 이유가 무엇일까?

첫째는 그들이 주장해 온 내용을 뒷받침하는 성경구절의 단어가 바뀌기 때문이다. 당연히 그들 안에도 혼란이 올 것이다. 평택에서 한 여학생을 상담한 적이 있다. 그 여학생은 나에게 질문을 했다.

"마지막 때가 되면 하나님께서 예수님이 재림하시기 전 한 명의 목자를 보내 주신다고 했는데 아세요?"

그러면서 예레미야 3장 15절을 보여주었다. 개역 한글판 성경을 보면 다음과 같다.

"내가 또 내 마음에 합하는 목자를 너희에게 주리니 그들이 지식과 명철로 너희를 양육하리라"_렘3:15(개역한글)

그래서 목자가 이단의 교주라고 배웠다는 것이다. 그런데 개역 개정판 성경을 보면 다음과 같다.

> "내가 또 내 마음에 합한 목자들을 너희에게 주리니 그들이 지식과 명철로 너희를 양육하리라."_렘3:15(개역개정)

물론 원어성경과 다른 번역본들도 복수형으로 기록되어 있다. 그런데 이단은 인정하려고 하지 않는다. 자신들의 주장에 흠이 생기기 때문이다.

둘째는 원어성경보다 영적인 지식이 중요하다고 가르치고, 배우기 때문이다. 무료로 성경을 가르쳐 준다는 이단에서 공부하던 여학생을 만났다. 한글 성경과 원어성경을 함께 가지고 가서 상담했다. 그런데 여학생은 나에게 다음과 같이 말을 했다.

"예수님 당시에 바리새인들은 원어로 된 성경을 가지고 있었고 읽었지만, 예수님이 메시아인 것을 모르고 십자가에 죽였잖아요. 지금도 원어 성경을 본다고 해도 예수님 말씀의 참뜻을 모르는 사람이 대부분이에요. 그래서 기록된 성경이 중요한 것이 아니라 비유와 계시록의 말씀 속에 있는 영적인 비밀, 지식을 알아야 구원을 받는 거예요."

여학생과 대화하고 왜 이들이 원어 성경을 인정하지 않는지 비로소 알게 되었다.

20 자기가 보혜사保惠師라구?

대학생 여름 수련회가 끝나면 농촌지역을 여행하면서 순례전도를 하였다. 열 명 남짓 되는 대학생들이 한팀이 되었다. 낮에는 시골집을 찾아가 전도를 하였다. 전도하기 위해 집을 방문하면 대부분 일하러 가셔서 사람이 없는 경우가 많았다. 개 짖는 소리만 온 동네에 울려 퍼졌다. 동네 어르신을 만나서 인사를 드리고 한 손에 '사영리' 전도지와 다른 한 손에 볼펜을 들고 곁으로 갔다.

"어르신. 혹시 사영리에 대해서 들어보셨어요?"

어르신의 대답은 우리를 당황하게 했다.

"이 근처엔 그런 동네가 없어."

어르신은 사영리를 마을 이름으로 생각했던 것이다. 이제 우리가 살펴볼 내용은 보혜사다. 성경을 잘 모르는 사람에게 보혜사를 말한다면 혹시 절을 말하는 것으로 오해할 수도 있을 것 같다.

교회를 가장 위협하는 이단 중 하나가 무료로 성경을 가르친다고 하는 곳이다. 그 단체 교주가 주장한 글을 읽어 본 적이 있다.

"나는 진리의 성령과 책을 받고 예수님의 이름으로 와서 예수님의 것을 가르치는 보혜사입니다."

나는 고민이 되었고 그 즉시 성경을 펼쳐서 보혜사를 찾아보았다. 보혜사는 그 교주가 말한 것과는 아무런 상관이 없었다.

한국 사람들이 사용하는 말 중에 한자가 많이 있다. 우리가 사용하는 성경 안에도 한자식 표기가 많이 있다. '그리스도'를 한자로 표기할 때는 '기독' 基督으로 쓰고 있다. 그래서 '그리스도교'를 '기독교' 基督敎라고 하는 것이다. 이제 우리가 함께 살펴볼 보혜사도 한자식 표기다. 보혜사는 원어에 '파라클레토스'라고 되어 있다. 본래 이 뜻은 '변호자, 위로자, 격려자'라는 뜻이 있다. 그런데 중국 성경은 '파라클레토스'를 보혜사로 번역하였고, 우리 말 성경도 보혜사로 사용하고 있다. 만약 보혜사를 찾으려고 창세기부터 성경을 읽는다면 한참 시간이 걸릴 것이다. 이 단어는 사도 요한이 요한복음을 기록할 때 네 번 사용하였다. 예수님의 가르침과 행적을 기록한 다른 복음서에서는 찾아볼 수 없다. 그래서 보혜사는 매우 독특한 단어다. 그렇다면, 보혜사가 사용된 성경구절을 살펴보자.

> "내가 아버지께 구하겠으니 그가 또 다른 보혜사를 너희에게 주사 영원토록 너희와 함께 있게 하리니 그는 진리의 영이라 세상은 능히 그를 받지 못하나니 이는 그를 보지도 못하고 알지도 못함이라 그러나 너희는 그를 아나니 그는 너희와 함께 거하심이요 또 너희 속에 계시겠음이라"_요14:16

> "내가 아직 너희와 함께 있어서 이 말을 너희에게 하였거니와 보혜사 곧 아버지께서 내 이름으로 보내실 성령 그가 너희에게 모든 것을 가르치고 내가 너희에게 말한 모든 것을 생각나게 하리라"_요14:25~26

> "내가 아버지께로부터 너희에게 보낼 보혜사 곧 아버지께로부터 나오시는 진리의 성령이 오실 때에 그가 나를 증언하실 것이요"_요15:26

> "그러나 내가 너희에게 실상을 말하노니 내가 떠나가는 것이 너희에게 유익이라 내가 떠나가지 아니하면 보혜사가 너희에게로 오시지 아니할 것이요 가면 내가 그를 너희에게로 보내리니 그가 와서 죄에 대하여, 의에 대하여, 심판에 대하여 세상을 책망하시리라"_요17:7~8

예수님께서 십자가를 지실 시간이 점점 다가왔다. 예수님은 제자들에게 보혜사를 말씀해 주셨다.
"내가 가면 또 다른 보혜사를 하나님께서 보내주실 것이다."
제자들에게는 예수님 자신이 보혜사였다. 그들에게 유일한 위로자, 격려자셨다. 그래서 성경은 예수님을 보혜사라고 말한다. 그런데 예수님이 가시면 또 다른 보혜사가 오시게 되는데 그분이 바로 진리의 영이신 성령님이라고 제자들에게 말씀하셨다. 성경은 보혜사가 누구인지 말하고 있다. 예수님과 성령님이다. 그 외에 다른 누구도 보혜사가 될 수가 없다. 예수님과 성령님은 우리의 보혜사가 되셔서, 지금도 우리를 위해 간절히 구하신다.

> "이와 같이 성령도 우리 연약함을 도우시나니 우리가 마땅히 빌 바를 알지 못하나 오직 성령이 말할 수 없는 탄식으로 우리를 위하여 친히 간구하시느니라."_롬8:26

> "누가 정죄하리오 죽으실 뿐 아니라 다시 살아나신 이는 그리스도 예수시니 그는 하나님 우편에 계신 자요 우리를 위하여 간구하시는 자시니라."_롬8:34

사도 베드로, 순교한 야고보 사도와 스데반 집사, 사도 바울, 요한복음을 기록한 사도 요한과 같은 예수님의 제자와 사도이며 전도자들도 자신을 보혜사로 말한 적이 없다. 교회 역사 속에도 신실한 믿음의 사람들은 언제나 하나님의 종으로 자신을 고백했지, 자신을 보혜사라고 주장한 일은 없다. 단지 이단의 교주만 자신을 보혜사라고 주장했을 뿐이다. 자신을 보혜사라고 주장하는 것은 자신이 예수님이고, 성령님이라 말하는 것이다. 이것은 두말할 필요도 없는 순도 100% 이단이다.

그렇다면, 보혜사 성령님은 어떤 분이신가? 첫째, 성령님은 보(保)하시는 분이다. 그분은 하나님의 자녀를 보호하신다. 죄의 세력으로부터 우리 마음을 지킬 수 있도록 도우신다. 또 생활 속에 일어나는 어려움으로부터 지키고 보호하신다.

나는 전방에서 군 복무를 했다. 전역을 삼 개월을 남기고 마지막 훈련을 나갔을 때였다. 저녁이면 영하 25°의 추위 속에서 잠을 자야 했다. 빈 깡통에 나무를 주워 불을 피우고 장갑차 안에서 잠이 들었다. 몇 시간 후에 후임병이 깨워서 일어났는데 가스를 많이 마신 상태였다. 장갑차에서 나오자마자 앞이 캄캄했다. 머리가 어지러워서 뒤로 넘어졌다. 순간 "집에 돌아가지 못하고 죽는구나"라는 생각이 몰려왔다. 그런데 그 순간 입에서 방언기도가 나오기 시작했다. 내가 기도하는 게 아니었다. 성령님이 급하셨던 것 같다. 방언기도를 한참 한 후 정신이 조금 회복되었다. 가지고 있던 물병을 후임병에게 주면서 바닥에 흐르는 물을 담아달라고 말했다. 영하의 날씨 속에 흐르는 물은 얼음같이 차가웠다. 물을 마시고 회복할 수 있었다. 성령님께서 나를 보호하고 살려주셨다. 성령님은 우리의 영혼과 육신을 보호해 주시는 분이시다.

둘째, 성령님은 혜惠하시는 분이다. 하나님의 자녀들에게 은혜와 은사를 주신다. 무엇보다 큰 은혜는 우리가 예수님을 믿고 구원받는 것이다.

> "그러므로 내가 너희에게 알리노니 하나님의 영으로 말하는 자는 누구든지 예수를 저주할 자라 하지 아니하고 또 성령으로 아니하고는 누구든지 예수를 주시라 할 수 없느니라"_고전12:13

성령님의 도우심이 아니면 예수님을 우리 인생의 주인으로 고백할 수 없다. 또 성령님은 우리에게 은사를 주신다. 은사는 선물이라는 뜻이다. 성령님이 우리가 신앙생활을 잘할 수 있도록 선물을 주신다는 말이다. 우리에게 교회 안에서 직분을 주시고, 다양한 성령의 은사를 주신다. 각자에게 주신 은사를 활용할 때에 기쁨이 넘치게 된다.

> "우리 각 사람에게 그리스도의 선물의 분량대로 은혜를 주셨나니 …

> 그가 어떤 사람은 사도로, 어떤 사람은 선지자로, 어떤 사람은 복음 전하는 자로, 어떤 사람은 목사와 교사로 삼으셨으니 이는 성도를 온전하게 하여 봉사의 일을 하게 하며 그리스도의 몸을 세우려 하심이라"_엡4:7, 11~12

그리스도의 몸 즉 교회를 세우는 일에 헌신하는 우리에게 성령의 열매가 맺히게 된다.

> "오직 성령의 열매는 사랑과 희락과 화평과 오래 참음과 자비와 양선과 충성과 온유와 절제니 이같은 것을 금지할 법이 없느니라"_갈5: 22~23

셋째, 성령님은 사師하시는 분이다. 성령님은 하나님의 자녀들에게 스승이 되셔서 가르치고 깨우쳐 주신다. 사도 바울은 디모데에게 다음과 같이 말했다.

> "모든 성경은 하나님의 감동으로 된 것으로 교훈과 책망과 바르게 함과 의로 교육하기에 유익하니 이는 하나님의 사람으로 온전하게 하며 모든 선한 일을 행할 능력을 갖추게 하려 함이라"_딤후3:16~17

베드로 사도는 성도들에게 다음과 같이 전하였습니다.

> "먼저 알 것은 성경의 모든 예언은 사사로이 풀 것이 아니니 예언은 언제든지 사람의 뜻으로 낸 것이 아니요 오직 성령의 감동 하심을 받은 사람들이 하나님께 받아 말한 것임이라"_벧후1:20~21

한 부부가 결혼하고, 인생계획을 세웠다. 젊어서는 힘껏 일을 해서 재산을 모으기로 하였다. 아이들을 잘 교육하고 나면 호반에 그림 같은 별장 하나를 짓기로 하였다. 그 꿈을 위해서 열심히 일했고 돈도 많이 모았다. 부부는 일단 건물을 지으려고 땅을 사기로 했다. 이곳저곳을 알아본 결과 자신들이 꿈꾸던 장소가 생겼다. 그들이 산 땅에는 오래전 누군가가 살았던 낡은 시골집이 있었다. 앞으로 이곳에 별장을 지을 생각을 하니 부부는 아주 좋았다. 이제 도시생활을 정리하고 자신들이 산 땅에 별장을 짓기로 하고 건축업자를 선정했다. 드디어 공사를 시작하기로 한 날이 되었다. 정말 멋진 집이 지어지리라는 기대와 함께 드디어 공사가 시작되었다.

자! 당신이 별장을 짓는 사람이라면 이제 무엇부터 하겠는가? 당연히 별장을 짓고자 하는 땅에 있는 다 쓰러져 가는 낡은 집을 헐고 청소하는 일부터 할 것이다. 그 집이 그곳에 오랫동안 있었기 때문에 불쌍해서 헐지 않는다면 새로운 별장은 만들 수 없다. 마찬가지로 우리의 생각과 마음속에 새로운 일이 있으려면 반드시 부서지고 깨지는 고통이 있어야 한다. 성령님의 감동으로 기록된 하나님의 말씀은 단지 우리를 위로하고 축복하는 내용만 담고 있지 않다. 구약성경을 보면 예레미야 선지자가 나온다. 그는 어린 나이에 하나님의 선지자로 부름을 받았다. 예레미야 선지자의 사명은 하나님의 말씀을 선포하는 것이었다. 그 사명을 감당할 때에 있게 될 일을 하나님은 말씀하셨다.

> "보라 내가 오늘 너를 여러 나라와 여러 왕국 위에 세워 네가 그것들을 뽑고 파괴하며 파멸하고 넘어뜨리며 건설하고 심게 하였느니라 하시니라"_렘1:10

하나님의 말씀이 선포될 때 뽑히고, 파괴되고, 파멸되고, 넘어지는 일들이 생긴다. 우리들의 마음속에 뽑히고, 파괴되고, 파멸되고, 넘어져야 할 성격과 태도가 있다면 하나님의 말씀은 그 역할을 하실 것이다. 얼마나 아프겠는가? 내 고집, 내 경험이 다 부서지는데 아무 느낌이 없다는 것은 말이 안 된다. 그러나 성령님은 포기하지 않는다. 우리의 마음 안에 멋진 집을 세우려고 쉬지 않으신다. 결국, 내 마음과 생각이 깨끗하게 정리가 되면 그때부터 건설하고 심으신다. 그래서 성령님의 감동으로 기록된 말씀은 교훈과 책망이 있다. 이 말씀을 통하여 뽑히고, 파괴되고, 파멸되고, 넘어지게 된다. 그러나 그것이 끝이 아니다. 바르게 하고 의로 교육한다. 즉 건설하고 심는 것이다. 이것이 보혜사 성령님께서 우리에게 하시는 위대한 일이다. 그래서 보혜사 성령님은 우리의 스승이 되어 하나님의 말씀을 통해 가르치고 깨우쳐 주신다.

21 성령님 고맙습니다.

"저는 보성에 있는 시골교회에 다녔습니다. 대학에 오기 전 목사님께서 대학에 가면 선교단체에 가입하라고 말씀하셨어요. 그리고 DFC제자들선교회를 추천해 주셨습니다."

새 학기가 되면 학교에서 활동하는 동아리들은 매우 바빠진다. 그 이유는 신입생들을 모집하기 위해서다. 그중에서도 기독교 선교단체 동아리들은 전도, 설문조사와 같은 활동을 통해 신입생들을 만난다. 몇 해 전 동아리방에서 있었던 일이다. 그날은 금요일이었다. 나와 몇 명의 학생들이 신입생들을 만나려고 모임을 하고 있었다. 그런데 두 명의 남학생이 노크했다.

"동아리에 가입하고 싶어서 찾아왔습니다."

나와 학생들은 자리를 정리하고 따뜻하게 맞아주었다. 자판기에서 음료수를 뽑아 건네주면서 대화를 시작했다.

"다른 선교단체에 갔었습니다. 그런데 너무 사람이 많고, 커서 가입을 못 했습니다. 그런데 포스터를 보고 이렇게 왔습니다. 저희는 사람이 별로 없는 작은 단체가 좋습니다."

그 학생의 말대로 우리는 몇 명 안 되는 작은 선교단체다. 매우 기뻐서 "잘 왔습니다. 그럼 저희 단체를 간략하게 소개해 드리고 이곳에서 어떤 활동을 하는지 말해줄게요"라고 말했다. 내 소개를 하자 그들도 정치외교학과 신입생이라고 말했다. 마침 정치외교학과를 다니는 혜미가 있어서 선배라고 소개해 주었다. 그들은 입회원서를 쓴 다음 제게 '삼위일체'가 궁금하다고 하면서 질문을 했다. 나는 간단하게 말해 주었고, 한 시간 정도 이야기를 한 후 헤어졌다.

"잘 가라"는 말과 함께 동아리방 문을 닫는 순간 이상한 현상이 일어났다. 갑자기 가슴이 뻐근하면서 아프기 시작했다. 그리고 마음도 안정이 안 되었다. 느낌이 이상해서 "혹시" 하는 생각에 학생들을 따라나갔다. 그런데 찾을 수가 없었다. 다시 동아리방으로 돌아와서 문을 열었다. 모두 신입생이 들어왔다고 분위기가 밝아졌다. 나는 조용히 회장을 맡은 혜미를 불렀다.

"혜미야. 성령님께서 간사님 마음을 답답하게 하신다."

혜미는 매우 놀라고 무슨 영문인지 모르는 눈치였다.

"방금 왔다간 친구들이 나가고 나서 가슴이 답답하고 마음이 좋지 않다. 그렇지 않으면 좋겠지만, 그 학생들이 이단일지 모르니까 한번 알아보자. 그 친구들이 정치외교학과라고 했으니까 네가 학과 사무실에 가서 그런 신입생이 있는지 알아보면 좋겠다."

혜미는 내 말대로 학과 사무실에 가서 알아보았다. 알아본 결과 그들은 정치외교학과 신입생이었다. 혜미와 다른 학생들은 "간사님이 너무 과민반응하시는 것 같다"라고 생각하는 것 같았다. 또 성령님께서 불편하게 하신다는 말을 들은 상태였기 때문에 이런 말을 하는 학생도 있었다.

"성령님이 알려주셨다는데 간사님 말씀이 틀리잖아요."

정말 그 상황에 지도하는 사람으로서 난감했다. 그런데 변하지 않는 것은 여전히 내 마음이 심하게 불편하다는 것이었다. 주위에 있는 모든 사람이 과민반응이라고 말하였다. 그렇게 금요일, 토요일 그리고 주일을 보냈다. 여전히 내 마음은 불편했다.

"내가 왜 이럴까? 정말 성령님이 하셨는데…."

그렇게 주일을 보내고 아침 7시에 동아리방으로 올라갔다. 그리고 기도를 했다.

"하나님. 저도 그 학생들이 와서 아주 기쁩니다. 그런데 왜 그들이 나간 다음 제 마음을 이렇게 불편하게 하시는 겁니까? 저는 제 생각이 틀리길 원합니다. 그들이 이단이 아니길 원합니다. 그러나 그들이 이단이라면 분명하게 알려주세요."

이렇게 기도를 한 후 두 학생이 쓴 입회원서를 보았다. 고향이 보성이라고 말한 학생의 말이 떠올랐다.

"저는 보성에 있는 시골교회에 다녔습니다. 대학에 오기 전 목사님께서 대학에 가면 선교단체에 가입하라고 말씀하셨어요. 그리고 DFC제자들선교회를 추천해 주셨습니다."

학생이 다녔다는 시골교회가 있는지 알아봐야겠다는 생각이 들었다. 114로 전화를 했다. 그리고 그가 다녔다는 교회가 있어서 연락처를 알게 되었다. 마침 전화를 했더니 목사님이 받으셨다.

"목사님 안녕하세요. 저는 DFC제자들선교회에서 사역하는 간사입니다. 제가 전화를 드린 것은 목사님께서 사역하시는 교회에 출석하는 학생이 저희 선교회에 가입하였습니다. 저희 단체에 가도록 권면 해주시고 안내해 주셔서 진심으로 감사합니다."

정중하게 인사를 드리고 그 학생의 이름도 말했다. 그런데 목사님은 이렇게 말씀했다.

"저희 교회는 그런 학생이 없습니다. 내가 이곳에서 수십 년을 목회했지만 그런 이름을 가진 학생이 다닌 적이 없습니다. 그리고 이 동네에서도 그런 이름을 들어본 적이 없습니다."

그 학생이 작성한 입회원서는 거짓이었다. 월요일 아침 우리 학생들에게 금요일부터 월요일 아침까지 있었던 일을 설명했다. 결국, 우리 선교회에 위장으로 가입한 두 명의 학생은 무료로 성경을 가르친다는 이단에서 활동하는 친구들이었다. 그 후 교회 안에서 사람들을 빼내어 가는 일명 추수꾼 활동하는 명단에 그 학생의 이름이 있었다. 너무 기가 막힌 것은 그가 어느 교회 청년부 회장으로 위장 가입하여 활동하고 있었다. 나는 이 일로 인해 몇 가지를 깨닫게 되었다. 하나님은 우리 선교회에서 활동하는 학생들을 사랑하신다는 사실이었다. 정말로 우리는 몇 명 되지 않았다. 몇 명 안 되니까 능력이 없다고 포기하신다면 할 말이 없는 상황이었다. 그런데 예수님의 마음은 그렇지 않다는 사실을 알게 되었다. 그때 나는 항상 아버지께서 기도하실 때마다 하시던 말씀이 생각났다.

"상한 갈대도 꺾지 아니하시고 꺼져가는 심지도 끄지 않으시는 하나님 아버지"

미처 깨닫지 못한 하나님 아버지 마음을 깊이 느끼게 되면서 눈물을 흘렸다. 그리고 이렇게 기도했다.

"성령님 고맙습니다. 믿음의 공동체의 순수성을 지키려고 저보다 더 많은 관심과 열심을 갖고 계신 것을 이제 알았습니다. 저희가 끝까지 복음의 순수성을 잃지 않고 맡기신 영혼들과 주신 사역을 열심히 감당하겠습니다. 또 이단 활동을 진리라고 생각하는 그 학생들을 용서하시고, 그들이 깨닫고 주님께 돌아올 수 있도록 은혜 베풀어 주시기 원합니다. 예수님의 이름으로 기도합니다. 아멘."

"이는 선지자 이사야를 통하여 말씀하신 바 보라 내가 택한 종 곧 내 마음에 기뻐하는 바 내가 사랑하는 자로다 내가 내 영을 그에게 줄터이니 그가 심판을 이방에 알게 하리라 그는 다투지도 아니하며 들레지도 아니하리니 아무도 길에서 그 소리를 듣지 못하리라 상한 갈대를 꺾지 아니하며 꺼져가는 심지를 끄지 아니하기를 심판하여 이길 때까지 하리니 또한 이방들이 그의 이름을 바라리라 함을 이루려 하심이니라"_마12:17~21

"우리가 알거니와 하나님을 사랑하는 자 곧 그 뜻대로 부르심을 입은 자들에게는 모든 것이 합력하여 선을 이루느니라."_롬8:28

22 창피합니까? 괜찮습니다.

"교회 얼마나 다니셨나요? 성경을 많이 읽어 보셨어요? 제가 질문 하나 드릴 테니까 대답해 보세요. 영생이 무엇입니까?"

"제가 질문 하나 더 할게요. 예수님이 십자가에 달리실 때 어느 편 강도가 도움을 부탁했나요? 오른쪽인가요? 아니면 왼쪽인가요?

이단들이 교회 다니는 사람에게 접근하면서 사용하는 질문이다. 여러분도 한 번 답해보기 바란다.

기아 자동차 신우회의 초청을 받아 이단특강을 한 적이 있다. 평소보다 긴장을 많이 하고 갔다. 왜냐면 대부분 교회 집사님들이셨기 때문이다. 강의를 시작하면서 신우회원 한 분께 질문을 했다.

"집사님은 영생을 어떻게 설명하시나요?"

조금 생각하더니 이렇게 말하였다.

"우리가 예수님을 믿고 이 세상을 살다가 죽게 됩니다. 그런데 죽음으로 끝나는 것이 아니라 이 세상을 떠나게 되면 천국에서 영원히 살게 됩니다. 이것이 영생입니다."

그 대답을 들은 나머지 신우회원들도 공감하는 눈치였다. 사실 나도 어려서부터 교회를 다니면서 그 집사님이 말한 것과 똑같이 배웠고 그렇게 이해하고 있었다.

"영생은 무엇일까요? 그리고 언제 영생이 우리에게 주어집니까?"

군 복무를 마치고 복학을 했다. 복학하면서 선교회 활동을 계속했다. 선배와 함께 성경공부교재를 가지고 공부했다. 첫 번째 시간에, 처음 질문이 '영생' 이었다. 그런데 영생은 단순히 영원히 사는 것을 말하는 것이 아니라는 것이었다. 또 죽음으로 시작되는 것도 아니라고 쓰여 있었다. 내가 이전에 알고 있던 것하고는 달랐다. 그런데 성경은 영생에 대해서 정확하게 말씀하고 있었다.

"영생은 곧 유일하신 참 하나님과 그가 보내신 자 예수 그리스도를 아는 것이니이다"_요17:3

몇 번을 보고 또 읽어보았다. 그리고 알게 되었다. 영생은 예수님 믿고 죽은 후에 천국에서 영원히 사는 것만을 말하는 것이 아니었다. 오히려 예수님을 구주로 영접하고 순종하면서 사는 삶이 곧 영생이라고 말씀하고 있다. 그래서 영생은 죽음 너머에 있는 것이 아니다. 지금 주님이 내 안에 계시면 영생을 소유하고 또 누리고 있다고 성경은 말씀한다. '아는 것' 이라는 단어는 원어로 '기노스코' 다. 구약성경에 보면 "아담과 하와가 동침하였다" 할때 '동침' 과 같은 말이다. 즉 부부가 성관계를 통해 남자가 여자를 알고 또 여자가 남자를 알게 되는 것을 말한다. 교제를 통한 체험과 경험을 통해 알게 되는 지식을 뜻한다.

또 예수님께서 십자가에 달리실 때 양쪽에 강도들도 있었다. 대제사장, 서기관 그리고 장로들이 예수님을 조롱했다. 함께 십자가에 못 박힌 강도들도 예수님을 욕했다.

"함께 십자가에 못 박힌 강도들도 이와 같이 욕하더라"_마27:44

"이스라엘의 왕 그리스도가 지금 십자가에서 내려와 우리가 보고 믿게 할지어다 하며 함께 십자가에 못 박힌 자들도 예수를 욕하더라"_막15:32

십자가 위에서 시간이 흘렀다. 한쪽에 있는 강도는 계속 예수님을 비방했다. 그러나 다른 한쪽에 있는 강도는 마음으로 회개하고 예수님께 자신의 영혼을 부탁했다. 어느 쪽 강도가 예수님께 도움을 요청했을까?

"달린 행악자 중 하나는 비방하여 이르되 네가 그리스도가 아니냐 너와 우리를 구원하라 하되 하나는 그 사람을 꾸짖어 이르되 네가 동일한 정죄를 받고서도 하나님을 두려워하지 아니하느냐 우리는 우리가 행한 일에 상당한 보응을 받는 것이니 이에 당연하거니와 이 사람이 행한 것은 옳지 않은 것이 없느니라 하고 이르되 예수여 당신의 나라에 임하실 때에 나를 기억하소서 하니 예수께서 이르시되 내가 진실로 네게 이르노니 오늘 네가 나와 함께 낙원에 있으리라 하시니라"_눅23:39~43

정답은 오른쪽도 아니고, 왼쪽도 아니다. 한쪽 편 강도가 한 것이다. 대부분 사람은 오른쪽이라고 생각한다. 왜냐하면, 성경에서 오른쪽이 긍정적이고 선한 쪽으로 나오기 때문이다. 그런데 이단은 교회 다니는 사람들의 심리를 이용해서 틀리게 대답하도록 유도한다. 그리고 나서 성경을 펼쳐서 보여 준다. 그때 질문을 받은 사람은 자신이 알고 있던 것이 잘못됐다는 사실에 위축된다. 여기서 끝나면 다행인데 자신이 잘못 아는 것을 목사님 혹은 교회 탓으로 돌린다. 성경을 바르게 가르쳐 주는 곳이 있다고 말하면서 몇 번 만나게 되고 이단에서 하는 성경공부에 빠지게 된다. 우리의 심리적인 부분까지 이용하려는 이단을 조심해야 한다. 혹시 내가 아는 것이 틀렸으면 바로 잡으면 된다. 성도들이 이런 것으로 어려움 당하지 않으려면 예방을 하면 된다. 어떻게? 성경을 가르칠 때 말로만 전달하지 말고 직접 성경을 펴서 읽고 밑줄을 치면 된다. 눈으로 보고 마음으로 확신할 수 있도록 도와야 한다. 우리는 모두 얼마든지 틀릴 가능성이 있다.

"창피합니까? 괜찮습니다."

오늘부터 실수를 적으로 생각지 말고 친구로 여기기 바란다. 왜냐하면, 다음에는 그런 실수를 하지 않을 것이기 때문이다.

"대저 의인은 일곱 번 넘어질지라도 다시 일어나려니와 악인은 재앙으로 말미암아 엎드러지느니라"_잠24:16

23 말씀 중심인가요? 행사 중심인가요?

내가 자주 이용하던 미장원이 있었다. 평상시 자주 가던 곳이라 아이들을 데리고 같이 갔다. 아이들이 머리를 깎는 동안에 앉아 있었다. 그런데 주인아주머니는 앉아서 무엇을 열심히 듣고 있었다. 성경을 보면서 테이프를 들었다. "신앙생활 열심히 하시네"라고 생각했다. 잠시 후 아주머니가 내게 말을 걸었다.

"아저씨도 교회 다니시죠? 아저씨 다니는 교회는 말씀 중심인가요? 행사 중심인가요?"

순간 무료로 성경을 가르친다는 곳에서 공부한다는 것을 직감할 수 있었다. 나는 아주머니 말을 계속 들어보아야겠다는 생각으로 말을 주고받았다.

"신앙생활 정말 열심히 하시나 봐요. 테이프 들으면서 성경 공부하는 거예요?"

"교회 대부분이 말씀 중심이 아니라 행사 중심이잖아요. 저도 십여 년 넘게 교회를 다녔는데 성경을 안 가르쳐줘요."

아주머니는 대전에서 제일 크다는 교회에 출석하고 있었다. 그리고 계속 말을 했다.

"교회는 계시록 말씀과 비유 말씀을 질문하면 다음에 오라고 해요. 또 짜증만 내요. 우리가 하나님의 말씀 속에 있는 뜻을 알아야 전도할 수 있잖아요."

"아주머니는 어디에서 성경을 배우세요?"

"예. 여기서 가까운 곳에서 배우고 있어요."

머리를 깎고 난 후 내가 살던 집 가까운 곳에 신학원이 있다는 것을 알게 되었다. 한참을 헤매다가 빌딩 안으로 들어갔다. 밖에서는 알 수가 없었다. 계단에 들어서는 순간 사람들을 유인해서 성경 공부시키는 장소라는 것을 알 수 있었다. 미장원 아주머니도 이곳에서 배우고 있었던 것이다.

24 청년부 활동 열심히 하고 싶어요.

유명한 CCM가수 소리엘이 교회에 왔다. 공연이 시작되기 전 약

이천여 명의 사람들이 입장했다. 은혜스러운 집회가 끝나고 사람들이 빠져나갔다. 나는 문 앞에서 서서 돌아가는 사람들에게 인사를 하고 있었다. 그런데 두 명의 여학생이 나를 찾아왔다.

"저희도 교회 청년부 활동 열심히 하고 싶어요. 어떻게 하면 되죠?"
"예. 잠시만 기다리세요. 청년부 회장을 만나게 해 드릴게요."

그리고 옆에 있던 대학교 1학년 정훈이에게 부탁을 했다. 잠시 후 정훈이가 다시 올라왔다.

"간사님. 저 사람들 무료로 성경 가르쳐 준다는 사람이에요. 한 사람은 잘 모르겠는데 다른 한 사람은 제가 알아요."

정훈이는 대학에 입학하면서 동아리에 가입했다. 그 동아리는 기독교 색깔을 나타내지 않고 컴퓨터 관련 동아리로 활동했다. 그리고 안에서는 성경공부를 하였다. 그 후 정훈이를 개인적으로 만나서 성경을 가지고 잘못된 점을 가르쳐 주었고 결국 그 동아리를 나왔다. 그런데 한 여학생이 그 동아리에 있었던 것이다.

"정훈아. 고맙다."

잠시 후 청년부 회장을 만나서 임원들을 신속하게 모이게 하였다.

"우리 교회에서 활동하고 싶다는 여학생들이 있었는데 이단입니다. 주의해야 합니다."

25 DFC? 이단 아닌가요?

조선대에서 사역을 시작했다. 김용광 간사님과 함께 다른 선교회 동아리방을 방문하고 인사를 하였다.

"안녕하세요. 저희는 DFC제자들 선교회 간사들입니다."
"예? DFC요? 거기 이단 아니예요?"

"무슨 소리 하는 거예요. 저희는 건전한 선교단체입니다."

"저쪽 사범대 건물에 가면 제자들이라는 동아리가 있어요. 거기 이단 같아요."

"예? 제자들이라구요. 저희가 이 학교에 온 지 처음인데 저희 이름으로 누가 활동하고 있다고요?"

김 간사님과 사범대로 올라갔다. 정말 그곳에 '제자들'이라는 동아리가 있었다. 그리고 그 안에 들어갔더니 우리가 사용하는 교재들도 몇 권 있었다. 그곳의 회장은 기독인 선생님이 되려는 훈련을 받으려고 만들었다고 했다. 그 후 CCC 간사를 통해 광주여대에 DFC가 있다고 들었다.

"아니. 우리는 이제 내려왔는데 광주에 DFC가 왜 이렇게 많아?"

김 간사님과 광주여대를 찾아갔다. 여자들이 다니는 대학을 처음으로 들어갔다. 정문을 지나려는데 경비원 아저씨의 제재를 받았다. 우리는 사정을 말하고 학생과로 향했다. 그리고 확인해 본 결과 정말 DFC가 있었다. 학생과 선생님에게 물었다.

"DFC가 어떤 동아리입니까?"

"예. 봉사동아리로 등록했어요. 조선대 학생이 도와서 되었다고 하던데…"

동아리방에 들어가 보았다. 별다른 게 없었다. 그때 손바닥 만한 액자 속에 사진이 있었다. 그 사진 안에 낯익은 얼굴이 있었는데, 다름 아닌 조선대 '제자들'에서 만난 여학생이었다. 그리고 그 여학생을 만나서 어떻게 광주여대에 DFC가 있게 되었는지 물어보았다. 그 후 내가 출석하던 교회 앞에 이단집회 장소가 있다는 것을 알게 되었다. 그곳이 무료로 성경을 가르친다는 곳이었다. 그런데 수요예배가 끝날 무렵, 이단 집회 장소에서 나오는 사람들을 보고 있었다. 놀랍게도 조선대 '제자들'에서 활동하는 그 여학생과 다른 여학생을 보게 되었기 때문이다. 그들도 나를 보자마자 놀라서 다시 들어갔다. 결국, '제자들'은 다른 이름으로 바꾸어 자신들의 활동을 계속하였다.

26 천만큐티운동본부에서 나왔습니다.

민 간사는 동아리방으로 걷다가 민정이를 만났다.
"민정아. 잘 지내?"
"예. 간사님. 저 요즘 큐티 열심히 하고 있어요."
"큐티? 누구랑 하는데?"
"서울 온누리교회 천만큐티운동본부에서 나온 사람들과 같이 하고 있어요. 너무 은혜를 많이 받고 있어요."
"서울에서? 온누리 천만큐티운동본부에서 나왔다고? 조심해. 이단일지 모르니까."
"간사님. 제가 이단도 못 알아볼까 봐 그래요."
민 간사는 민정이와 그렇게 헤어지고 나서 나에게 물었다.
"온누리 교회 천만큐티운동본부에서 나왔다는데요."
"이상하다. 전화해보자."
천만큐티운동본부에 연락을 한 결과 자신들은 대학에서 그런 활동을 하지 않는다고 말했다.
민정이는 학교에 가고 있었다. 두 사람이 접근하면서 설문조사를 부탁했다. 설문조사가 끝나고 다음과 같이 말했다.
"저희는 온누리교회 천만큐티운동본부에서 나왔습니다. 저희는 큐티책「생명의 삶」을 새롭게 개편하려고 합니다. 그래서 여러 사람과 큐티를 해보고 가장 좋은 책으로 만들려고 합니다. 저희와 같이 큐티하시겠어요?"

민정이는 처음에 의심도 했지만, 시간이 갈수록 빠져들었다. '생명의 삶'은 없고 오직 성경과 흰 종이만 가지고 큐티를 했다. 본문도 그들이 정해주고, 나눔을 할 때도 성경구절을 인용하면서 민정이의 마음을 자신들 쪽으로 끌어들였다. 그러는 중에 민 간사를 만난 것이다. 그리고 민간사는 민정이에게 그들의 정체를 알려주었고, 그 모임을 그만두었다.

그 후 나는 온누리교회 전도컨퍼런스에 참석하게 되었다. 온누리교회를 담임하시는 하용조 목사님을 복도에서 만났다.

"목사님. 저는 선교단체 간사입니다. 혹시 이단에서 천만큐티운동본부를 사칭해서 활동하는 것을 알고 계세요?"

목사님은 깜짝 놀라셨고, 그 후 '목회와 신학'이라는 잡지에 '캠퍼스 이단들의 학원침투 사례'라는 제목으로 글을 실게 되었다.

27 저는 모퉁이돌 선교회 일본 파송 선교사입니다.

저녁에 전화가 왔다. 졸업생 지영이였다. 지영이는 아로마 향을 판매하는 가게에서 일하고 있었다.

"간사님. 혹시 모퉁이돌 선교회 아세요?"

"응. 잘 아는데. 거기에서 북한에 성경책도 많이 보내고 하는데…."

"예. 맞아요. 사실은 저희 가게에 자주 오는 손님이 있어요. 교회 집사님이래요. 그런데 오늘 선교사님이라는 분을 한 분 모시고 왔어요."

"그래?"

"그 선교사님은 모퉁이돌 선교회에 소속한 일본 선교사로 얼마 전 귀국했다고 말했어요. 또 가게 근처 교회 전도사님이시래요."

나는 지영이에게 이렇게 말했다.

"지영아. 전화 정말 잘했어. 모퉁이돌 선교회에서 북한에 성경책을 보낸다고 하는 것은 사실이야. 그런데 일단은 조심해야 할 것 같다."

전화를 끊고, 그 선교사라는 사람이 전도사로 사역하고 있다는 교회 전화번호를 찾아 전화했다. 그런데 통화가 되지 않았다. 약 한 시간 후 교회 사모님으로부터 전화가 왔다. 내 신분을 밝히고, 사모님과 통화를 했다.

"혹시 교회에 모퉁이돌 선교회 소속 일본 선교사가 있습니까?"

"아니요. 저희는 그런 사람 없습니다."

"혹시 나이는 40세 정도 되고, 여자인 전도사님이 계시나요?"

"아니요. 저희는 그런 사람 없습니다."

그리고 모퉁이돌 선교회로 전화를 했다. 모퉁이돌 선교회에서는 일본으로 파송한 선교사가 없고, 지방에는 사무실이 없다고 말했다. 지영이를 찾아왔던 집사라고 하는 사람과 일본 선교사라는 사람은 모두 거짓이었다. 이 사실을 지영이에게 전화로 알려 주었고, 다음과 같이 말했다.

"지영아. 모두 거짓말이다. 간사님에게 전화하길 잘했어."

"간사님. 정말 화가나요."

"지영아. 그래도 네가 간사님한테 전화해서 심각한 상황이 안된 것이 얼마나 다행이야."

"간사님. 그 사람들이 내일 또 온대요."

"잘됐다. 간사님이 볼 때 그들은 무료로 성경을 가르친다는 이단이야. 일단 한 번만 더 만나봐. 분명히 내일은 성경에 대해 이야기를 할

거야. 그리고 그 사람들 만난 후 20분 후에 가게로 찾아갈게."

다음 날 그들은 지영이를 찾아왔고, 내가 말한 대로 성경에 대해 이야기를 했다. 지영이는 그들이 말하는 것을 열심히 적었다.

"왜 이렇게 적으세요?"

"네. 잘 적어두었다가 집에서 다시 한번 찾아보려고요."

그들이 간 다음 나는 지영이를 만났다. 그때 공책 한 권을 가지고 갔다. 무료로 성경을 가르친다는 곳에서 성경공부를 한 어느 여학생의 노트였다. 그리고 지영이가 적은 내용과 비교해 보았다. 약 90%가 똑같았다. 지영이는 자신에게 왜 이런 일이 일어났는지 당황해 했다. 나는 지영이에게 오히려 잘 된 일이라고 격려하고 돌아왔다.

28 그렇게 해서 구원받을 수 있겠어?

은성교회 새내기 수련회 때 있었던 일이다. 나는 대학에서 활동하는 이단에 대해 특강을 했다. 두 시간 정도 강의를 하고 잠깐 쉬고 있었다. 그런데 새내기 수련회 도우미로 참석한 여학생이 할 말이 있다며 찾아왔다. 여학생은 금방이라도 울 것 같은 표정이었다. 학생은 집이 서울인데, 학교는 수원으로 다니고 있었다. 전문대에서 간호학을 공부하고 있었고 당시 졸업을 앞둔 삼 학년이었다.

"학생. 무슨 일이에요? 울지 말고 말해보세요."

"간사님. 제가 간사님 강의를 듣다가 너무 놀랐어요. 제가 지금 하는 성경공부가 강의 때 말한 그 이단이에요. 저는 이단인지 모르고 지금까지 하고 있었어요. 저는 이제 어떡하면 좋죠?"

"걱정하지 마세요. 지금이라도 알게 되어서 다행이잖아요. 그만두면 돼요."

"저는 지금까지 성경공부 때 배운 것이 옳은 거로 생각했는데 이제 무얼 믿어야죠?"

"이단이 말하는 것이 다 틀린 건 아니예요. 그러나 이단異端이라는 뜻이 '끝이 다르다' 는 말처럼 결국 그 사람들의 궁극적인 목적이 건전하지 못해요. 이제 교회에서 하는 성경공부에 열심히 참석하세요. 그리고 성경에 궁금한 것 있으면 꼭 목사님을 찾아가세요."

여학생은 조금씩 안정을 찾아가면서 말을 이어갔다.

"사실 저는 집이 서울인데, 학교는 수원에서 다녀요."

"그래요? 힘들겠다. 가까운 거리도 아닌데…. 전공은 뭐예요?"

"간호학과고요. 이제 삼 학년이에요."

"졸업반이네요. 국가고시 준비로 바쁘죠?"

"네. 국가고시 준비 때문에 고민이 많았어요. 처음에는 이단인지 모르고 서울에서 수원까지 성경 공부하러 다녔어요. 삼 학년이 되고 국가고시 준비로 바빠지면서 마음이 분주해졌어요. 다른 친구들은 밤낮을 안 가리고 공부하는데 저도 그래야 할 것 같았거든요. 제가 바빠서 이제 성경공부를 못하겠다고 말을 했어요. 그런데 저를 가르치는 사람이 그렇게 성경 공부해서 구원받을 수 있겠느냐고 하는 거예요. 생명책에 제 이름이 없을 수도 있다고 했어요. 저는 제가 구원받지 못하고 생명책에 제 이름이 없을 수도 있다는 두려움 때문에 서울에서 수원까지 계속 다녔어요. 한 주에 세 번을 갔어요. 그런데 제가 하고 있던 성경공부가 이단에서 하는 거라는 말을 들으니 허무해졌어요."

"학생. 이제라도 잘 된 일이에요. 이제 마음 편히 국가고시 준비하세요. 하나님께서 학생을 간호사가 되게 하셔서 복음 전하는 사람이 되게 하실 거예요. 그리고 성경공부는 꼭 교회에서 하세요. 구원은 성경공부를 열심히 해서 받는 게 아녀요. 또 열심히 안 했다고 생명책에서 지워지는 것도 아니에요. 구원은 하나님의 은혜와 믿음으로 받는 거니까요. 힘내요."

"고맙습니다."

29 언제 우리에게 성경을 가르쳐 주었어요?

저녁 기차를 타고 평택에 갔다. 마중 나온 선생님들의 얼굴에는 걱정이 가득했다. 자신들이 양육한 학생들이 무료로 성경을 가르친다는 단체에서 공부하고 있다는 것을 알았기 때문이다. 상담을 하려고 약속된 장소로 들어갔다. 세 명이 있었는데 그 중에는 낯익은 얼굴도 있었다. 예전 같으면 서로 웃으면서 인사를 주고받았을 텐데, 그날은 굳은 얼굴로 나를 바라보았다. 그리고 어색한 분위기 속에 말문을 열었다.

"얼마나 공부했어요?"

"두 달이요."

"어떻게 가게 됐어요?"

"교회 언니 소개로요."

"그 언니도 그곳에서 공부했나요?"

"그 언니는 다른 사람을 가르칠 정도로 많이 공부한 것 같아요. 예전에 교회 같이 다니던 오빠는 그 언니보다 더 높은 위치에서 가르치고 있었어요."

나도 질문하고 옆에 계신 선생님도 질문했다. 선생님은 이미 그 단체의 잘못된 내용을 책을 통해 알고 있었다. 그리고 그들의 주장이 왜 잘못되었는지 조목조목 학생들에게 말해주었다. 결국, 한 학생이 이렇게 말했다.

"우리는 하나님의 말씀을 배우고 싶었어요. 거기가 이단인지 모르고 다녔어요. 그런데 지금 와서 우리가 공부한 곳이 이단이라고 말만 하지 언제 교회에서 우리에게 성경을 가르쳐 주었어요?"

"……"

"학생이 어떤 마음인가는 충분히 이해할 수 있을 것 같아요. 그리고 학생이 말한 것이 다 틀렸다고 생각하지 않아요. 그렇다고 내 영혼의 문제가 달려 있는데 함부로 공부한다는 것은 문제가 있잖아요. 아직 그들의 속셈을 알 만큼 공부하지 않았기 때문에 몰라서 그렇지 시간이 가면서 점점 자신들의 본색을 드러낼 거예요. 그리고 이렇게 선생님들이 알게 된 것이 얼마나 다행이에요. 지금은 화도 나고 마음이 아프겠지만, 나중에는 선생님들이 이렇게까지 나서서 막아 주신 것이 천만다행이었다는 것을 알게 될 거예요."

"저는 이제 교회를 어떻게 다녀야 하고, 성경을 어떻게 알아가야 할지 혼란스럽기만 해요. 그리고 누굴 믿어야 할지도 난감해요."

나는 선생님들께 이렇게 말했다.

"선생님. 여기 있는 학생들이 그곳에 더 빠져들기 전에 알게 된 것이 다행입니다. 아시겠지만, 성경을 배운다는 것은 설교를 듣는 것과는 다른 점이 많습니다. 교회 목사님과 꼭 상의하셔서 성경을 체계적으로 배울 수 있는 과정을 의논하시면 좋겠습니다."

그 이후 선생님들과 몇 번의 전화통화를 했다. 여학생들이 더는 공부하지 않는다는 소식을 들었다. 그리고 일 년이 지난 어느 날, 평택에 있는 교회의 초청을 받아 중·고생 집회를 인도하러 갔다. 그런데 반가운 얼굴로 나를 맞아 준 여학생이 있었다. 다름 아닌 "언제 우리에게 성경을 가르쳐 주었어요?"라고 말했던 학생이었다. 학생부 수련회를 도우려고 교사로 참석하였던 것이다. 집회가 끝나고 나는 교회 로비로 나갔다. 그리고 빈 봉투에 내가 가지고 있던 돈을 넣고, 학생을 만나서 봉투를 전해주면서 이렇게 말했다.

"고마워. 진짜 고마워."

"저 때문에 걱정 많이 하셨죠?"

"정말 고맙다. 언제 선생님들하고 우리 사무실 있는 곳에 놀러 와."

"예."

그날 돌아오는 길에 운전하면서 이렇게 기도했다.

"하나님. 진짜 감사합니다. 진짜 고맙습니다."

30 말씀에 짝이 있다?

이단의 특징 중 하나가 '말씀의 짝'을 찾는 것이다. 즉 성경에는 구약과 신약이 있는데 구약에 있는 어떤 말씀은 신약에 있는 어떤 말씀과 반드시 짝을 이루고 있다는 것이다. 근거가 되는 성경구절을 이사야 34장 16절에 두고 있다.

> "너희는 여호와의 책을 자세히 읽어보라 이것들이 하나도 빠진 것이 없고 하나도 그 짝이 없는 것이 없으니 이는 여호와의 입이 이를 명하셨고 그의 신이 이것들을 모으셨음이라"_사34:16

여기에서 '이것'과 '짝'은 신구약 말씀의 짝이라고 한다. 사실 나역시도 선교회 간사 훈련을 받기 전까지 '말씀의 짝'으로 배우고 알았다. 그러나 이사야 34장 16절에서 말하는 '이것'과 '짝'은 '동물들의 짝'을 말하는 것이다. 교회에서 이단 특강을 할 때에 이단의 특징을 말하면서 이사야 34장 16절과 '말씀의 짝'을 항상 말한다. 이 말을 하는 순간 교인들 뒤에서 듣고 있던 목사님들이 성경을 펼쳐본다. 왜냐하면, 그렇게 배우고 알았기 때문이다. 나도 어려서부터 교회를 다녔기 때문에 이 말씀을 무수히 들었다. 심지어 교회 부흥회, 기도원에서 열리는 산상집회 때면 강사 목사님의 설교에 이 내용이 빠진 적이 없었다. 군대 가기 전 혼자 좋아했던 자매가 잘 다녀오라고 하면서 조그마한 성경을 주었다. 훈련을 받다가 이사야 34장 16절을 보게 되었다.

"아! 그렇구나. 말씀의 짝이 있고 하나님의 신이 다 모으셨구나."

나는 볼펜을 가지고 성경책 앞에 있는 여백에 이 말씀을 적었다. 내 가슴을 뛰게 하는 말씀이었다. 그런데 내가 알고 있던 말씀의 짝이 아닌 동물의 짝이라는 말에 정말 큰 충격을 받았다. 그러기 때문에 나와 같이 아는 사람들이 받게 될 충격을 조금이나마 이해할 수 있다.

교회에서 평신도 대학을 개최하였다. 약 이십 명의 교인들이 주일 저녁에 모였다. 나는 강의 중에 말씀의 짝을 다루게 되었다. 역시 내가 예상했던 대로 장로님, 권사님 그리고 집사님들의 반응이 나타나기 시작했다. 그래서 성경을 펴고 설명을 해 주었다. 강의가 다 끝나고 한 권사님이 나를 찾아왔다. 힘들게 장사하면서도 열심히 말씀을 배우겠다는 의지를 갖추고 계시던 분이었다.

"전도사님. 말씀에 짝이 있다는 말에 문제가 있다는 것을 알겠어요. 그런데 저는 수십 년 동안 그렇게 배웠고 또 그렇게 알고 왔는데 이제 와서 바꿔야 한다는 것이 너무 당황이 되네요."

"한 권사님. 저는 한 권사님의 마음을 충분히 이해합니다."

교회 문을 나서는 한 권사님의 모습을 보면서 주의 은혜가 함께 하길 기도했다. 만약 16절 말씀에 나오는 '이것'과 '짝'을 말씀이라고 한다면 17절에서 문제가 생긴다.

"여호와께서 그것들을 위하여 제비를 뽑으시며 친수로 줄을 띄워 그 땅을 그것들에게 나눠 주셨으니 그것들이 영영히 차지하며 대대로 거기 거하리라"_사34:17

만약 말씀이라고 한다면 말씀들을 위하여 제비를 뽑으시며, 그 땅을 말씀들에게 나눠 주셨으니, 말씀들이 영영히 거기 거한다는 이상한 말이 되어버린다. 그래서 성경을 읽을 때 한 구절만 봐서는 안 되는 것이다. 이사야 34장 1절부터 17절까지의 내용은 에돔에 대한 심판을 말씀하시는 것이다. 에돔이라는 나라가 하나님의 심판을 받게 될 것인데 동물들이 짝을 이루고 궁궐에 살아도 내쫓을 사람이 없을 만큼 황량해진다는 것이다. 그러나 에돔사람들은 이 말씀을 믿지 않았다. 그래서 하나님은 말씀하셨다. 쉽게 말하면 "너희가 지금 이 말을 믿지 않지만, 너희는 그때가 되면 여호와의 책을 자세히 읽어봐라. 내가 말한 동물들이 하나도 빠진 것이 없고 하나도 내가 말한 동물들의 짝이 없을 수 없다."라는 것이다. 그래서 이사야 34장 16절을 근거로 성경에는 말씀의 짝이 있다고 말하는 것은 잘못된 것이다.

그렇다면, 우리가 그동안 말씀의 짝이라고 이해했던 것은 무엇인지 세 가지 예를 들어 살펴보겠다.

첫째, 창세기를 보면 야곱이 나온다. 야곱은 형 에서를 피해 삼촌 집으로 가던 중 루스라는 곳에서 하룻밤을 보내게 되었다. 그리고 그는 잠을 자다가 꿈을 꾸게 되었다.

> "꿈에 본즉 사닥다리가 땅 위에 섰는데 그 꼭대기가 하늘에 닿았고 또 본즉 하나님의 사자가 그 위에서 오르락내리락하고"_ 창28:12

하나님은 야곱에게 동행하실 것을 약속하셨다. 야곱은 잠에서 깨어나 베개로 사용하였던 돌을 기둥으로 세우고 그 위에 기름을 부었다. 기름은 야곱이 삼촌 라반 집까지 가는 데 필요한 생활비 전부였다. 자신의 전부를 하나님께 드림으로 온전한 의탁을 한 것이다. 그리고 그곳의 이름을 벧엘이라고 하였다.

하나님은 야곱에게 꿈을 통해 사닥다리를 보여 주셨다. 사닥다리가 아니고서는 땅에 있는 사람이 하늘에 계신 하나님께 나아갈 수 없다. 야곱이 본 것은 사닥다리가 전부였다. 그런데 예수님은 꿈에 야곱이 사닥다리를 본 사건을 다음과 같이 말씀하셨다.

> "또 가라사대 진실로 진실로 너희에게 이르노니 하늘이 열리고 하나님의 사자들이 인자 위에 오르락내리락하는 것을 보리라 하시니라"_요1:51

예수님은 야곱이 보았던 사닥다리를 인자라고 말씀하셨다. 사닥다리를 통해서 땅에 있는 사람이 하늘에 올라갈 수 있다. 그런데 그 사닥다리는 다름 아닌 인자, 즉 사람의 아들로 이 땅에 오신 예수님 자신을 가리키는 것이었다. 그래서 예수님은 다음과 같이 말씀하셨다.

> "예수께서 가라사대 내가 곧 길이요 진리요 생명이니 나로 말미암지 않고는 아버지께로 올 자가 없느니라"_요14:6

야곱을 비롯해 예수님이 이 세상에 오시기 전에 살았던 이스라엘 사람들은 야곱의 꿈을 잘 알고 있었을 것이다. 그러나 사닥다리가 예수님을 가리킨다는 것을 알지 못했다. 예수님은 사람들에게 창세기의 기록된 말씀의 의미를 열어 보여 주셨다. 이것을 계시라고 말한다. 그리고 성경의 계시는 역사의 시간 속에서 계속 진행되면서, 점진적으로 그 진정한 의미가 무엇인지 드러나게 되었다. 그리고 비로소 예수님을 통해 밝히 드러나게 된 것이다. 이것을 "계시의 점진성"이라고 한다. 사닥다리와 인자는 연관성을 가지고 있다. 그러나 대등한 것은 아니다. 그래서 짝이라는 표현을 쓰는 것은 문제가 있다.

둘째, 출애굽기를 보면 이스라엘 백성이 홍해를 건너게 된다.

> "모세가 바다 위로 손을 내어민대 여호와께서 큰 동풍으로 밤새도록 바닷물을 물러가게 하시니 물이 갈라져 바다가 마른 땅이 된지라 이스라엘 자손이 바다 가운데 육지로 행하고 물을 그들의 좌우에 벽이 되니"_출14:21~22

그런데 사도 바울은 고린도교회에게 보낸 편지에서 다음과 같이 말하였다.

> "형제들아 너희가 알지 못하기를 내가 원치 아니하노니 우리 조상이 다 구름 아래 있고 바다 가운데로 지나며 모세에게 속하여 다 구름과 바다에서 세례(침례)를 받고 다 같은 신령한 식물을 먹으며 다 같은 신령한 음료를 마셨으니 이는 저희를 따르는 신령한 반석으로부터 마셨으매 그 반석은 곧 그리스도시라"_고전10:1~4

이스라엘 백성이 출애굽할 때 바다를 건넌 것은 바로 세례(침례)를 받은 것이었다. 그렇다면, 오늘날 우리가 받는 세례의 의미는 무엇인가? 믿는 사람들은 홍해를 건넌 사람들이라는 것이다. 이스라엘 백성이 홍해를 건널 때 나무를 베어서 배를 만들지 않았다. 그렇다고 멀리 뛰기를 해서 건넌 것도 아니다. 다만, 하나님의 능력에 의해서 건넌 것이다. 하나님의 능력과 은혜로 우리는 홍해를 건넌 사람들이다. 또 한가지 기억해야 할 것이 있다. 다시는 이집트로 돌아갈 수 없는, 즉 세상으로 돌아갈 수 없는 큰 강을 건넌 것이다.

셋째, 민수기를 보면 불뱀 사건이 나온다. 광야 길에 지친 이스라엘 백성은 하나님과 모세를 원망하였다.

"백성이 호르산에서 진행하여 홍해 길로 좇아 에돔 땅을 둘러 행하려 하였다가 길로 인하여 백성의 마음이 상하니라 백성이 하나님과 모세를 향하여 원망하되 어찌하여 우리를 애굽에서 인도하여 올려서 이 광야에서 죽게 하는고 이곳에는 식물도 없고 물도 없도다 우리 마음이 이 박한 식물을 싫어하노라 하매 여호와께서 불뱀들을 백성 중에 보내어 백성을 물게 하시므로 이스라엘 백성 중에 죽은 자가 많은지라 백성이 모세에게 이르러 가로되 우리가 여호와와 당신을 향하여 원망하므로 범죄하였사오니 여호와께 기도하여 이 뱀들을 우리에게서 떠나게 하소서 모세가 백성을 위하여 기도하매 여호와께서 모세에게 이르시되 불뱀을 만들어 장대 위에 달아 물린 자마다 그것을 보면 살리라 모세가 놋뱀을 만들어 장대 위에 다니 뱀에게 물린 자마다 놋뱀을 쳐다본즉 살더라"_민21:8~9

죽음 가운데 있던 이스라엘 백성은 선택해야 했다. 장대 위에 달린 구리 놋뱀을 볼 것인지, 아닌지 선택해야 했다. 상식적으로 뱀에게 물리면 어떻게 응급조치해야 하는가? 물린 부위에 입을 대고 독을 빨아내야만 한다. 이것이 상식이다.

"구리 놋뱀을 쳐다보면 살 수 있다고? 그게 말이 되는 소리야?"

결국, 상식에 충실한 사람들은 광야에서 모두 죽었다. 그러나 하나님의 말씀에 순종한 사람들은 상식적으로 이해할 수 없는 일이었지만 생명을 보존하게 되었다. 우리가 세상을 살아갈 때에 상식이 통하는 삶을 살아야 한다. 그러나 더 중요한 것은 하나님의 말씀에 전적으로 순종하는 삶을 살아야 한다. 그런데 예수님은 광야 구리 놋뱀 사건의 진정한 의미를 알려주셨다. 요한복음 3장을 보면 알 수 있다. 밤중에 바리새인 니고데모가 찾아왔다. 그는 진리를 추구하는 진정한 구도자였다. 예수님은 니고데모에게 물과 성령으로 거듭나야 한다고 말씀하셨지만, 그는 그 의미를 깨닫지 못했다. 그런 니고데모에게 예수님은 그가 잘 아는 구약성경 민수기에 나오는 구리 놋뱀 사건을 상기시키시면서 다음과 같이 말씀하셨다.

> "모세가 광야에서 뱀을 든 것 같이 인자도 들려야 하리니 이는 저를 믿는 자마다 영생을 얻게 하려 하심이니라"_요3:14~15

구리 놋뱀은 결국 인자이신 예수님 자신을 가리키는 것이라고 말씀하셨다. 그러나 구리 놋뱀과 예수님은 비교의 대상도 아니며, 짝이라는 말은 더더욱 사용할 수 없다. 그래서 구약의 사건들을 '예표'라고 한다. 그리고 신약시대에 와서 '성취' 혹은 '실체'가 되었다고 말한다. 히브리서에서는 구약의 사건과 교훈을 '모형과 그림자'라고 말씀하고 있다.

> "저희가 섬기는 것은 하늘에 있는 것의 모형과 그림자라 모세가 장막을 지으려 할 때에 지시하심을 얻음과 같으니 가라사대 삼가 모든 것을 산에서 네게 보이던 본을 좇아 지으라 하셨느니라"_히8:5

위의 세 가지 예를 들었다. 그동안 우리가 이해하고 있던 말씀의 짝이라는 것은 구약의 예표가 된 사건과 말씀을 신약성경에서 새롭게 해석한 것을 두고 한 말이다. 그러나 짝이라고 하는 것은 왼쪽 손의 짝이 오른손이 되는 것처럼 똑같아야 한다. 오른손의 짝이 왼발이 될 수는 없다. 예수님은 엠마오로 가는 길에 다음과 같이 말씀하셨다.

> "이에 모세와 및 모든 선지자의 글로 시작하여 모든 성경에 쓴바 자기에 관한 것을 자세히 설명하시니라"_눅24:27

그리고 제자들에게 나타나셔서 말씀하셨다.

> "또 이르시되 내가 너희와 함께 있을 때에 너희에게 말한바 곧 모세의
> 율법과 선지자의 글과 시편에 나를 가리켜 기록된 모든 것이 이루어
> 져야 하리라 한 말이 이것이라 하시고"_눅24:44

'모세와 모든 선지자의 글'과 '모세의 율법과 선지자의 글과 시편'은 우리가 말하는 구약성경이다. 예수님은 구약성경의 말씀을 가지고 영적 교훈을 가르쳐 주신 것이다. 그리고 이러한 해석은 예수님만 하신 것이 아니라 사도 바울도 이 방법을 따랐다.

> "저희가 일자를 정하고 그의 우거하는 집에 많이 오니 바울이 아침부
> 터 저녁까지 강론하여 하나님 나라를 증거하고 모세의 율법과 선지자
> 의 말을 가지고 예수의 일로 권하더라."_행28:44

신학에서는 위에서 보여준 예수님과 바울이 성경 해석한 방법을 두고 '유형론' 혹은 '모형론적 해석'이라고 부른다. 이러한 성경 해석은 교회의 역사 속에서 정통과 이단을 구분하는데도 적용되었다. 차종순 교수는 그의 저서 『교회사』에서 다음과 같이 말하였다.

> "정통교회는 성경에 대한 문자적literal, 유형론적typological 해석을 추
> 구하는 반면에, 이단에 속한 무리는 우의적allegorical 해석을 선호하였
> 다."7)

---

7) 차종순 저, 「교회사」 (서울: 한국장로교출판사, 1992)(p. 71)

31 야산 VS 식물원

사람들은 건강을 위해 가까운 산을 찾는다. 유명한 산이 아니더라도 건강을 위해 야산으로 등산을 간다. 등산을 하다 보면 다람쥐도 보고 새들도 볼 수 있다. 그리고 계절에 따라 진달래, 개나리 등과 같은 꽃을 볼 수가 있다. 또 나무에 붙어 있는 버섯도 볼 수 있다. 옆으로 흐르는 개울에 가재도 있고 심지어는 뱀도 볼 수가 있다. 야생식물과 동물을 연구하는 사람들은 야산으로 올라간다.

또 사람들은 관광을 많이 한다. 휴일이면 고속도로가 정체될 정도로 이동을 많이 한다. 도심에서 조금만 벗어나면 잘 조성된 공원이 있다. 그곳에는 식물원도 있고 동물원도 있다. 식물원 안에 들어가면 식물들을 종류별로 모아둔 것을 보게 된다. 선인장과, 장미과 등과 같이 비슷한 종류로 모아 둔다. 관광객들은 관심 있는 것을 유심히 관찰하면서 지나간다. 특히 배우는 학생들에게 있어 식물을 공부하는 곳으로 식물원 만한 곳이 없다.

우리가 자연을 배우는 방법은 야산에 올라가는 방법이 있고, 식물원에 가는 방법이 있다. 마찬가지로 우리가 성경을 배우는 방법도 이와 같다. 예를 들어 교회에서 성경공부 반이 열렸다. 앞으로 삼 개월 동안 '믿음'에 대해서 공부를 하게 되었다. 이와 같은 성경공부는 식물원 같은 성경공부다. 그 외에도 하나님, 말씀, 죄, 회개, 율법, 은혜, 구원, 예수 그리스도, 성령 등을 배울 수 있다. 이것을 주제별 성경공부라고 한다. 이렇게 성경공부를 하려면 반드시 보조교재가 필요하다. 주제에 맞추어서 찾아보게 될 성경구절이 나와 있어야 하기 때문이다. 만약 믿음이라는 주제를 공부한다고 할 때 마태복음 몇 장 몇 절, 히브리서 몇 장 몇 절 이런 식으로 찾아보게 된다. 이것이 그동안 우리가 가장 많이 해 온 성경공부방식이다.

그러나 우리가 성경을 펼치는 순간 성경은 식물원처럼 되어 있지 않다는 것을 알게 된다. 타 종교의 경전은 주제에 맞추어서 무슨 편으로 나와있다. 그렇지만, 우리가 갖고 있는 성경은 하나님편, 믿음편, 말씀편, 성령편과 같이 정리되어 있지 않다. 오히려 성경은 야산과 같이 되어 있다. 예를 들어 마가복음을 공부한다고 하자. 마가복음을 일 장부터 십육 장까지 읽게 될 것이다. 그 안에는 예수님과 관련된 사건과 말씀이 기록되어 있다. 읽어가는 과정 속에 하나님은 어떤 분인가를 알게 된다. 또 죄가 무엇인지, 회개, 율법, 은혜가 무엇인지 보게 된다. 그래서 이러한 성경공부를 권별 성경공부라고 한다. 보조교재가 있어도 좋지만 그렇지 않아도 큰 문제가 되지 않는다. 훈련된 성경 교사의 인도에 따라 성경 한 권만 같이 보면서 배우는 방법이다.

그 외에도 성경을 공부하는 여러 방법이 있을 수 있다. 나는 사람들이 야산으로 등산을 가고, 식물원에 관광을 가는 것처럼 두 가지가 병행되어야 한다고 생각한다. 그렇지 않고 한 방법만 고집한다면 나무는 보아도 숲을 보지 못하는 경우가 생길 수 있기 때문이다. 성경은 약 1500년 동안 약 사십 명의 사람들이 기록했다. 쉽게 말하면 성경은 역사 속에서 기록돼 왔다는 것이다. 즉 역사성이 있다는 것이다. 성경을 읽다 보면 사람이 등장한다. 언제 일어났는지도 알 수 있다. 그리고 사건이 있고, 어느 곳에서 일어난 일인지도 알려준다. 그리고 그 일을 통한 교훈이 무엇인지도 말하고 있다.

우리 주위에 있는 이단들을 연구하다 보면 그들이 성경을 배우는 방식을 알 수 있다. 대체로 주제를 정하고 공부를 한다. 그래서 주제에 맞추어 마태복음 몇 장 몇 절, 요한계시록 몇 장 몇 절을 찾게 된다. 더 나아가 위에서 말한 것과 같이 말씀에 짝이 있기 때문에 구약과 신약 성경구절을 가지고 짝 맞추기식 공부를 한다. 무료로 성경을 가르친다는 단체에서는 성경 안에 나오는 역사를 배도, 멸망, 구원의 과정으로 설정한다. 그것을 증명하기 위해서 성경구절을 찾는다. 그들의 성경공부 방식에 많은 사람이 미혹되는 이유는 여러 가지가 있겠지만, 시간의 진행 곧 역사적인 내용을 담고 있기 때문이라고 생각한다. 그러나 성경의 원리를 도식화해서 구절을 채워나가는 방법은 좋지 않다. 하나님께서 우리에게 성경을 선물로 주셨다. 우리가 성경을 펼치면 다양한 산이 존재한다. 이 산에서 바라본 하나님의 은혜, 저 산에서 볼 수 있는 하나님의 공의가 그 안에 있다. 창세기를 통해서 만나게 되는 하나님 또 마가복음을 통해 만나게 되는 하나님은 같은 하나님이시지만 성경을 기록한 저자에 따라 시각차가 있음을 알 수 있다. 마치 야산과 같이 다양성을 넣어두셨다. 우리는 성경을 통해 그 다양한 내용을 배우면서 하나님께서 죄인 된 우리를 구원하시는 구속의 역사라는 통일성을 알게 될 것이다. 이단이 무서워서가 아니라 건강한 신앙생활을 위해서 야산과 같은, 또 식물원 같은 방식으로 성경을 열심히 공부해야 할 것이다.

부록

《부록1》 사례모음
사이비 이단들의 학원침투 사례

김주원 (DFC 광주지구 대표간사)

●

《부록2》 전도설교
그 이름 예수!

본문 말씀: 행 2:36

●

《부록3》 비유설교1
씨뿌리는 비유

본문 말씀: 막 4:1~9

●

《부록4》 비유설교2
자라나는 씨의 비유

본문 말씀: 막 4:26~29

사이비 이단들의 학원침투 사례

부록 1

들어가는 말

얼마 전 선교회 학생들과 함께 내장산에 간 적이 있었습니다. 대웅전 안에서 열심히 합장 기도하는 아주머니를 보았습니다. 그 아주머니의 합장 기도하는 모습은 그야말로 정성을 담은 진실한 기도 같아 보였습니다. 그런데 진실보다 더 중요한 것이 있는데 그것은 바로 진리가 무엇인지 아는 일일 것입니다. 제가 만나 본 이단 사람들은 한결같이 자신이 믿는 것에 대해서는 진실한 태도였습니다. 그런데 왜 문제가 될까요? 진리를 벗어난 진실은 사람을 광분케 하며 엉뚱한 짓을 하게 하고, 이러한 광분은 영원히 진리로부터 멀어지게 하는 큰 폐단을 낳는다고 생각합니다.

저는 캠퍼스 사역을 하는 간사로서 이단을 전문적으로 연구하고 파헤치는 사람은 아닙니다. 다만, 제가 사역의 현장에서 직접 경험하고 보고 듣게 된 사실들을 통해 이단들의 침투방법과 그 사례들을 소개하려고 합니다. 그럼으로써 우리 젊은이들을 이단들로부터 수호하고 우리의 교회와 가정을 지켜내는데 작은 보탬이 되었으면 하는 마음에서입니다.

사례 1
유명 선교단체의 이름으로 위장하고서 리서치라는 명목으로 접근하는 경우

저희 선교회 K학생은 얼마 전 학교에서 설문조사를 하였습니다. 내용은 Q.T에 관한 것이었습니다. 설문조사를 하는 사람은 온누리 교회에서 시행하는 Q.T천만운동본부에서 나온 간사라고 소개를 했습니다. 설문지에는 다음과 같은 내용을 담고 있었습니다. 1. 당신은 두란노 Q.T천만운동본부에 대해서 들어보셨습니까? 2. 당신은 Q.T를 어떻게 하고 있습니까? 그래서 K학생은 간사라고 하는 여자 한 명, 남학생 한 명과 함께 Q.T를 했습니다. 간사인 저의 아내가 학교에 가던 중 K학생을 만나고 그동안의 근황을 듣게 되면서 이상하다고 생각을 했습니다. K학생은 너무 은혜스럽고 전혀 이단이 아니라고 말을 하면서 "간사님. 제가 이단도 구분 못 할 것 같으세요?"라고 말을 했습니다. 그날 아내는 Q.T천만운동본부에 연락을 했고 그곳에서는 캠퍼스에 간사를 보낸 적이 없다는 것을 확인했습니다.

이단들은 자신들이 필요하면 우리가 아는 단체명을 도용해서 사용합니다. 실제로 저희 선교회의 이름으로 도심 번화가에서 '크리스천 리서치'라는 명목으로 설문조사한 것을 최근에 알게 되었습니다. 이 외에도 단체들의 이름을 도용하여 활동합니다. 예를 들면 YM○○, U○○, R○○등으로 활동하면서 자신들을 건전한 단체로 위장하여 접근하고 있습니다.

사례 2
아르바이트를 이용한 접근

방학이 되면 많은 대학생이 아르바이트합니다. 저희 선교회에 대표를 맡았던 희우는 방학이 되어 아르바이트를 계획하면서 지역 생활정보지를 찾아보았습니다. 저는 그때 대전에 올라와서 일을 보고 있었습니다. 그날따라 교회에 가서 기도해야겠다는 생각이 들어 교회를 찾아갔습니다. 지하에서 열심히 기도를 하고 있는데 저의 마음속에 성령님께서 '희우가 위험하다. 빨리 연락을 해야 한다.' 는 생각을 불어 넣어 주셨습니다. 기도를 마치고 집에 있던 아내에게 전화하고 희우를 빨리 만나보라고 말을 했습니다. 아내는 희우의 자취방을 찾아갔고 다음날부터 아르바이트한다는 사실을 저에게 전화로 알려 주었습니다. 그 아르바이트를 주관하는 곳은 'ㅇㅇ선교회' 라는 곳인데 오전에 출근해서 30분 동안 성경공부를 하고 물품을 판매하러 나간다는 것이었습니다. 'ㅇㅇ선교회' 라는 이름은 몇 달 전 춘복이를 통해서 듣게 되었는데, 자신의 친구가 거기에 다닌다는 것이었습니다. 그곳은 구원파라고 전해 들었습니다. 저는 아내에게 그곳은 구원파인 것을 알려주었고 그 사실을 희우에게 전달토록 했습니다. 희우는 사실을 알게 되고 그 아르바이트에 가지 않게 되었습니다.

    우리 주변의 생활 정보지를 통해서 아르바이트를 모집하는 때도 있습니다. 모 방송국을 모 교회 신도들이 점거한 사건을 우리는 기억하고 있습니다. 방송을 통해 문제성이 고발되면서 그 교회는 학생들을 대상으로 신종 아르바이트를 모집했습니다. 그것은 자신들의 집회에 참석하면 시간당 아르바이트비를 주는 것이었습니다.

사례 3
선교회에 위장 가입하여 주소록이나 명단 등을 빼내어 자신들의 목적에 이용하는 사례

교회에 새신자가 오는 것이 기쁜 일이듯이 선교회에 제 발로 찾아오는 경우는 참으로 기쁜 일입니다. 2002년 4월 어느 금요일 S학생이 선교회 써클실을 방문하였습니다. S학생은 학교에 있는 여러 선교회를 둘러보고 또 저희 선교회에서 부착한 포스터보고 방문하게 되었다는 것입니다. 저희는 매우 기뻐서 음료수를 대접하였고 신입생 회원카드를 작성하게 하였습니다. 전남 보성 근처에 있는 교회를 다녔는데 시골 교회 목사님께서 대학에 가면 선교회에 가입하라고 말씀하셨고 저희 선교회를 추천하셨다는 것입니다. 거의 1시간 동안 대화를 나누고 나서 다시 만나기로 약속을 하고 S학생은 일어섰습니다. 그런데 S 학생이 서클 문을 닫고 나가는 그 순간 가슴이 갑자기 답답해지기 시작했습니다. 그리고 내주하시는 성령님께서 불편해하시는 것을 느낄 수가 있었습니다. 저는 바로 일어나서 따라갔지만 만날 수 없었습니다. 계속 마음이 답답하였고 한 자리에 있었던 혜미를 잠시 밖으로 불렀습니다. 저는 혜미에게 저에게 주시는 마음을 전해 주었을 때 놀라며 "간사님 무섭네요"라고 말을 했습니다. S학생이 이단이 아니길 바라면서 일단 정말 신입생인지, 학과는 맞는지를 확인토록 했습니다.

금요일을 지나 토요일 그리고 주일. 저의 마음은 계속 불편하였고 월요일 아침 7시 학교 써클실에 올라가서 기도를 드렸습니다. "주님. 저는 저의 예상이 틀렸으면 좋겠습니다. 그러나 여전히 저에게 주시는 이 마음의 의미가 무엇인지 깨닫게 해 주세요"하는 기도를 마치고 신입생 회원카드를 유심히 보았습니다. 그리고 전 출석교회가 눈에 들어왔고 S학생의 말이 떠올랐습니다. 114로 교회번호를 확인하고 목사님께 전화를 드렸습니다. "목사님, 감사합니다. S군이 목사님의 추천으로 저희 선교회에 왔는데 감사합니다." 그 말씀을 들으신 목사님께서는 "저는 여기에서 수십 년 목회를 하면서 우리 교회에 S학생과 같은 이름을 가진 사람은 없었고, 이 동네에서 그런 이름을 들어 본 적이 없습니다"라고 말씀하셨습니다. 저는 그때 결정적인 단서를 잡았고 S학생이 무○○○신학원 멤버라는 것을 저희 학생들을 통해 확인하였습니다.

저는 그 일로 감사를 했습니다. 꺼져가는 심지도, 상한 갈대도 꺾지 아니하시는 주님의 인자하심과 자비하심으로 보잘것없는 저희 선교회를 지키심에 감격했습니다. 반면에 성령님의 사역을 훼방하고 미혹하기 위해 그런 활동을 하는 S학생의 영혼이 불쌍해졌습니다. 그래서 거의 한 달 동안 안타까운 마음으로 영적 슬럼프를 겪기도 했습니다. 이단들은 선교회에 위장으로 가입하여 선교회 학생들, 선교회 활동상황, 양육 커리큘럼, 주소록, 등을 빼내어 자신들의 목적을 이루는 데 사용하고 있습니다.

사례 4
이단에 빠져 친구사이마저 멀어지는 경우

교회 집사님의 전화를 받았습니다. 한 형제를 상담해 달라는 부탁이었습니다. 부탁을 받은 그 형제와 통화를 했는데 자신의 애인이 무○○○신학원에 2개월 정도 다니고 있다는 것이었습니다. 처음에 성경공부 한다기에 그러려니 했는데 주변 교회 분들의 말씀을 들으며 심각하게 생각을 했고 저에게 도와달라고 부탁을 했습니다. 날짜를 정하고 만나기로 한 시간에 형제는 애인인 A양을 데리고 왔습니다. A양은 저와 아내를 보고서 아주 불쾌하게 생각을 하고 있었습니다. 그때 새삼 느낀 것이지만 마음이 불편한 사람과 아무리 좋은 자리라고 하더라도 그 자리는 마치

바늘방석에 앉는 것과 같습니다. A양은 저에게 질문했습니다. "구원은 어떻게 받는다고 생각하세요?" 저는 예수님을 믿음으로 구원받는다고 말했습니다. A양은 그것이 성경에 나오느냐고 한번 찾아볼 수 있느냐고 말했습니다. 그리고 저를 상당히 한심하다는 듯이 쳐다보았습니다. 자신이 막상 요한계시록이나 비유를 읽고 의문이 생기면 해결할 길이 없었다고 말하였습니다. 그러면서 교회가 이런 것을 가르치지 않고 또 가르치지 않는 것은 목사님들이 성경을 모르기 때문이라고 했습니다. 더는 저와 대화하기가 어렵다고 판단을 했는지 일어나서 가려고 했습니다. 남자친구는 A양을 붙들고 더 말씀을 들으라고 붙잡았지만 서로 심하게 다투고 둘은 그 자리에서 헤어지게 되었습니다.

사례 5
기성교회로 침투하여 특히 젊은이들을 미혹시키는 경우

전남노회 남부 연합 시찰회 15개 교회가 모여서 세미나를 하는 곳에 강사로 간 적이 있었습니다. 강의가 끝나고 목사님 한 분이 상담을 요청하였습니다. 저는 다음날 목사님을 찾아뵈었습니다. 교회에 의심이 가는 청년 3명이 있는데 확실하게 심증은 가는데 물증이 없어서 어떻게 해야 할지를 모르겠다고 말씀하셨습니다. 그래서 몇 가지 방안을 말씀드렸더니 '아! 그런 방법이 있었구나. 그렇게 하면 되겠네요.' 라고 말씀을 하시며 해결책을 찾은 듯이 기뻐하셨습니다.

또 한 번은 Y교회 청년부를 담당하시는 K목사님께서 전화를 하셨습니다. 새신자로 가입한 청년 3명이 H대학 이단 서클에서 왔다는 정보를 듣게 되었다는 것이었습니다. 그래서 사진을 보고 그들의 신상과 그 서 클의 멤버들인지를 저희 선교회 학생들을 통해 알아보았습니다. 한 명은 H대학 이단 서클의 대표였고 또 한 명은 청년부에서 리더로 활동하는 사람이라는 것이었습니다. 저는 청년부 예배와 주일 저녁예배에 가서 이단들의 활동상황을 소개했습니다. H대학 이단 서클의 대표를 맡고 있던 K학생은 그 교회 청년부 모임에 등록하고는 사람들과 친숙해하면서 함께 사진도 찍었다고 합니다. 제가 강의를 하던 날 K학생이 일어나서 밖으로 나가는 것을 보았습니다.

사례6
질문거리가 있다면서 접근하는 경우

선교회 학생들과 점심식사를 하고 학교 잔디밭에 앉아서 찬양하고 있었습니다. 그때 학생 두 명이 다가와서 궁금한 것이 있어서 질문하고 싶다고 말하였습니다. 그리고 학생 중 한 명은 저에게 책을 하나 꺼내서 보여 주었습니다. 교회 선배가 자신에게 주었는데 읽어도 무슨 말인지 몰라서 도움을 받고 싶다는 것이었습니다. 책의 제목은 생각이 나지는 않지만 성경신학에 관련된 것이었습니다. 책 내용 중에는 게르할더스 보스 Geerhardus Vos와 같은 익숙한 성경신학자의 이름과 함께 언약, 구속 등의 핵심단어들을 발견할 수 있었습니다. 간사 훈련을 받을 때 제일 많은 시간 동안 배우는 과목이 성경신학이어서 아는 대로 설명을 시작했습니다. 그리고 언약이라는 말이 나왔을 때 그 학생은 저에게 집중적으로 물어보기 시작했습니다. 자신이 교회에 다닌 지 얼마 되지 않았다고 했는데 언약이라는 말에 그렇게 집요하게 질문할지는 몰랐습니다. 그래서 이상하다는 느낌이 들고 대화를 이어갔습니다.

어느새 세 명의 남, 여학생이 더 와서 다섯 명이 되었습니다. 한 여학생은 자신이 장로님 딸이고 모태신앙인데 교회에서는 자신이 궁금해하는 것을 말해주지도 않고 성경을 가르치지도 않는다고 말을 했습니다. 제 생각으로는 그 여학생은 분명히 장로님의 딸이고 모태 신앙이었을 것 같습니다. 저도 흔히 말하는 모태신앙으로 삼대째 신앙생활을 하는 가정에서 자랐습니다. 그 여학생의 말은 과거 제가 학생 때 겪었던 고민과 매우 비슷했습니다. 이단이 아닌 곳에서 그 여학생의 고민과 신앙적 갈등이 해결되었더라면 얼마나 주를 위해 귀하게 쓰였을까? 라는 생각이 지금도 들곤 합니다. 30분이 넘게 말을 주고받고 그 학생들이 가면서 남긴 말은 "노래만 부르면 뭐합니까, 성경을 알아야지."라고 하면서 마치 저와 저희 학생들을 비웃기라도 하면서 돌아갔습니다. 제 옆에 앉아있었던 우리 학생들은 무슨 말인지도 알아들을 수 없었기에 난감해했습니다. 만약 제가 아니라 우리 학생들이나 교회 청년들에게 이렇게 접근한다고 했을 때 '대답할 사람이 아무도 없겠구나!' 라고 생각을 했습니다. 실제로 그들은 자신들의 교리로 철저한 성경공부를 하고 있습니다.

그 외에 이들은 자신들이 교인으로 침투할 지역 교회 예배시간, 인원, 위치 등을 모두 파악하고 있고, 목회자의 설교를 듣고 등급을 매겨서 활동하기에 좋은지 근거자료로 활용하고 있습니다. 더 놀라운 것은 자신들이 교회에서 빼내어 가야 할 사람의 영적 동향을 수시로 점검하여 다음 행동을 어떻게 해야 할지 계획을 세웁니다. 그리고 정체가 탄로 나면 교회 마당에 집단으로 몰려와서, 자신들이 왜 이단인지 말해보라는 식으로 항의한다는 말도 들었습니다.

나가는 말

대학생 선교회 간사를 하면서 이 외에도 이단에 빠져 가출하게 된 조카와 딸을 찾을 수 있느냐는 전화도 받아보았고, 목회자 자녀가 미혹되어 목사님들께서 매우 힘들어하신다는 소식도 주변에서 들었습니다. 그들은 자원봉사원으로 가장하여 교패가 붙은 집을 집중공략하거나, 헌옷 수집이나, 사용하지 않는 성경찬송 수집을 빙자하여 접근하기도 합니다. 또 유명 선교단체나 목사님 혹은 다른 교회와 교우들의 이름을 도용하여 접근합니다. 저는 이런 일들을 접하면서 이단에 대해서 어떻게 하면 잘 대처할 수 있을까를 나름대로 몇 가지 생각을 정리해 보았습니다.

첫째, 사전 교육을 통한 예방이 최선입니다.
교회에서 적극적으로 말씀을 가르치고 배우는 것이 제일 좋은 방법입니다. 그러면서 정기적으로 성도들이 미혹되지 않도록 이단들의 활동과 교리의 문제점을 지적하면서 조심하도록 교육하는 것이 필요합니다.

둘째, 체계적인 성경공부가 필요합니다.
이단들의 제일의 표적은 신앙생활을 열심히 하면서 성경에 대해 잘 알고 싶어 하는 사람입니다. 특히 젊은 청년들은 성경을 알고자 하는 욕구가 강합니다. 저는 수년간 선교회 간사와 3년간 청년부 목회간사로 있으면서 느낀 문제점을 조심스럽게 지적하고 싶습니다. 현재의 설교와 성경공부의 내용은 구원받은 성도로서의 삶을 강조하는 내용이 많습니다. 구원론 중 성화의 과정을 말한다고 할 수 있겠습니다. 그러나 성경은 여러 주제를 다루고 있습니다. 하나님, 죄인인 인간, 예수 그리스도, 성령, 구원, 교회, 종말의 내용을 포함하고 있습니다. 이러한 이해를 하고 교리에 대한 체계적인 성경공부 등이 필요합니다.

셋째, 사도행전에서 볼 수 있는 공동체성을 회복해야 합니다.

이것은 교회를 교회답게 하는 것일 뿐만 아니라 전도에서도 중요한 요소가 됩니다. 캠퍼스에 있다 보면, 이단들은 젊은 청년들의 넘쳐나는 에너지를 발산할 수 있도록 다양한 프로그램을 새롭게 개발하여 실시하는 것을 자주 보게 됩니다. 예를 든다면 명사 초청 강연회, 전국 중고생 및 대학생 영어 말하기 대회, 수화, 종이공예, 기타, POP 글씨 강습, 축구써클 등 매우 다양합니다. 이런 것과 함께 그들은 자신들의 교리를 성경을 통해서 가르치고 있습니다. 2003년 I○○라는 곳에서 여름행사가 있었는데 6.30(월)부터 7.25(금)까지 거의 한 달 동안 시행되었습니다. I○○는 구원 이후에 회개 기도할 필요가 없다고 주장하는 단체로서 캠퍼스선교를 위해 90년 중반에 만들어진 단체입니다. 교회 대부분과 선교회의 수련회는 대략 길어야 일주일을 넘기지 않습니다. 주변의 타 선교회 사역자들을 만나서 대화를 나누다 보면 우리가 이단들의 공동체성을 뛰어넘지 못한다면 여전히 이런 악순환은 캠퍼스에서 계속 될 것이라는 생각에 일치를 갖습니다.

마지막으로 교회와 선교회는 상호 밀접한 협력사역을 해야 합니다.

교회는 폭넓은 신학을 토대로 한 진리의 근거를 지속적으로 제공하고, 재정적인 지원과 중보기도를 통해 협력할 수 있습니다. 또한, 선교회는 캠퍼스의 영적인 동향을 선교보고를 통해 전해주고 신앙훈련을 통해 기독청년들이 자신이 다니는 학교에 복음을 전하고 교회에서는 리더로 설 수 있도록 도울 수 있습니다.

이단들의 공통점 중의 하나는 그들의 지도자들이 캠퍼스로 눈을 돌리고 자신들의 세력을 넓혀갔다는 것입니다. 그 이유는 무엇일까요? 가장 순수한 열정과 헌신이 바로 젊은 청년들에게 있기 때문이라고 생각합니다. 저는 교회들의 요청으로 강의를 나가면 이단들을 통한 피해 사례를 말씀드립니다. 그때마다 많은 공감을 하십니다. 또 캠퍼스의 이단 활동들을 말씀드립니다. 그 이유는 결국 교회의 청년들이 성도들의 대학을 다니는 자녀기 때문입니다. 캠퍼스 선교회만이 교회 청년들을 바른 신앙과 이단의 세력에서 보호한다는 것은 사실 어려움이 많습니다. 지역교회와 상호 긴밀한 협조 없이는 한국교회와 이 사회를 책임져야 할 다음 세대 양육이라는 큰 과제를 효과적으로 감당하기가 어렵습니다. 이제 곧 대학으로 신입생들이 입학하게 될 것입니다. 지금 교회들은 그들에게 관심을 두고 보살필 때입니다. 그들은 교회의 다음 세대를 이끌어 갈 주역임이 틀림없습니다.

위의 글은 2004년 2월 「목회와 신학」에 특별기획으로 실렸던 것이다.

그 이름 예수!

> "그런즉 이스라엘 온 집이 정녕 알지니 너희가 십자가에 못 박은 이 예수를 하나님이 주와 그리스도가 되게 하셨느니라"_행2:36

여러분께 질문하나 드리겠습니다. 혹시 물에 빠져 죽을 뻔한 경험이 있으십니까? 한번 손을 들어주시겠습니까? 예 감사합니다. 저는 두 번 그랬는데 가장 기억에 많이 남는 것은 초등학교 4학년 때 물에 빠져 죽을 뻔한 경험입니다. 만약 그때 죽었다면 여러분을 뵐 수도 없었을 것이고 이렇게 귀한 자리에서 말씀도 전하지 못했을 것입니다. 살아있다는 그 자체만으로도 얼마나 감사한 일입니까! 우리 옆에 계신 분에게 "살아계셔서 감사합니다!" 라고 말해 보겠습니다. 고맙습니다.

7월 장맛비가 많이 내렸습니다. 제가 살았던 대전 서구 도마동에는 유등천이 있는데 장맛비로 물이 많이 불어나 있었습니다. 저는 슬리퍼를 신고 동네 형 그리고 친구와 함께 수영을 하러 갔습니다. 제법 물이 불었지만, 수영을 할 수 있을 것 같아서 물속으로 친구와 함께 들어갔습니다. 처음에 가슴까지 물이 찼기 때문에 걱정하지 않고 한 걸음씩 깊은 곳으로 들어갔습니다. 그런데 갑자기 발밑이 닿지 않고 웅덩이가 있어서 쑥 빠져 들어가게 되었습니다. 살아보려고 허우적거리기 시작했고 함께 들어갔던 친구를 붙잡고 몸부림을 치기 시작했습니다. 물을 많이 먹고 두려움으로 가득해졌습니다. 신고 있던 슬리퍼는 이미 벗겨져 떠내려가 버렸습니다. 그때 저희의 모습을 발견한 중학교 1학년 원석이 형은 저희를 향해서 손을 내밀었습니다. 그 손을 붙잡는 순간 살았다는 안도의 한숨과 함께 물에서 빠져나왔습니다. 물론 친구도 무사히 구출되었습니다. 그때는 원석이 형에게 이렇다 할 고마움을 표하지 못했지만, 그때 일을 생각할 때면 형에게 큰 신세를 졌다는 마음을 갖습니다. 원석이 형은 저의 구원자입니다. 그래서 제가 살아있는 것입니다.

사랑하는 여러분! 만약 어떤 누군가가 여러분을 곤란하고 죽음의 위험으로부터 구출해주었다면 바로 그 사람은 여러분의 구원자가 되지요. 그러나 그렇게 고마운 원석이 형이 저의 생명을 건져주었지만 저는 형을 저의 주님으로 모시고 살고 있지는 않습니다. 왜냐하면, 원석이 형은 저의 영혼을 하나님이 계시는 영원한 천국으로 인도하지 못하기 때문입니다. 비록 그때 물에서 생명을 건졌지만 저는 언젠가는 죽음을 맞게 될 것을 알고 있습니다.

오늘 우리가 함께 읽은 성경 말씀에는 예수님이 누구이신지를 말해주고 있습니다.

첫째, 예수님은 구원자이십니다. 예수라는 이름을 가진 사람이 성경에 몇 명 나옵니다. 그러나 십자가에 못 박힌 예수는 유일합니다. 십자가는 당시 로마에서 행해지던 형벌 중 가장 무서운 형벌이었습니다. 또한, 이스라엘 사람들은 전통적으로 나무에 달린 자들은 하나님의 저주를 받은 것으로 생각했습니다. 양손에 못이 박힌 33세의 청년 예수. 그러나 그분의 죽음은 자신의 죄 때문이 아니었습니다. "그가 찔림은 우리의 허물을 인함이요, 그가 상함은 우리의 죄악을 인함이라" 예수님께서 가시 면류관을 머리에 쓰신 것은 우리가 생각으로 범하는 모든 죄를 용서하시기 위함이요, 양손과 발에 대못이 박힌 이유는 우리의 이 손과 발로 행하는 죄악을 용서하시기 위함이며, 그분이 창으로 옆구리를 찔리신 것은 우리의 이 마음으로 품는 모든 허물을 용서하기 위함이셨습니다. 그래서 이 땅에 오신 하나님의 독생자 외아들이신 그분의 이름이 예수입니다. 성경은 말씀합니다. "아들을 낳으리니 예수라 하라 이는 그가 자기 백성을 저희 죄에서 구원할 자이심이라."마1:21 하나님의 아들이신 예수님은 죄의 홍수 속에서 허덕이고 빠져 죽어가는 우리를 건져주시는 구원자이십니다.

둘째, 예수님은 주主인입니다. 내가 어떤 것의 주인이 될 수 있는 조건은 무엇일까요? 두 가지가 충족되어야만 가능합니다. 하나는 그 물건을 창조한 사람 즉 만든 사람일 때 가능합니다. 다른 하나는 대가를 치르고 샀을 때 가능합니다. 예수님이 우리의 주인이 되셔야 하는 이유는 바로 이것 때문입니다. 하나님께서 예수님을 우리의 주가 되게 하신 이유는 예수님이 우리의 창조자가 되시며 죄의 종으로 살아가며 죄의 사슬에 묶여 있는 우리를 풀어주시는 구속자가 되시기 때문입니다. 예수님은 선포하셨습니다. "그예수가 태초에 하나님과 함께 계셨고 만물이 그예수로 말미암아 지은 바 되었으니 지은 것이 하나도 그예수가 없이는 된 것이 없느니라."요1:2~3고 말씀하셨습니다. 또한 "진리를 알찌니 진리가 너희를 자유케 하리라"요8:32고 말씀하셨습니다.

셋째, 예수님은 그리스도이십니다. 이스라엘 사람들은 왕을 세울 때에 기름을 붓는 의식을 가졌습니다. 그리스도는 "기름 부음을 받은 사람"이라는 뜻입니다. 곧 예수님이 그리스도가 되신 것은 왕이시라는 것입니다. 다른 말로 왕을 주권자라고 부릅니다. 예수님이 계시던 당시 전 세계를 제패했던 로마의 왕들은 위대한 정복자이며 영웅이었습니다. 그리고 승리자인 것을 자랑하기라도 하듯이 멋진 말을 타고 그 자태를 뽐내었습니다. 그러나 우리 예수님은 이 땅에 왕으로 오셨지만, 오히려 그분은

'어린 새끼나귀'를 타셨습니다. 세상의 왕들과는 다른 길을 가신 '겸손의 왕'이셨습니다.

바로 이 예수님을 하나님께서 주와 그리스도가 되게 하신 것입니다. 하나님께서는 독생자이신 그분을 "주 예수 그리스도"가 되게 하셨습니다. 그리고 모든 사람에게 영원한 생명을 얻게 하려고 십자가에 달리시고 하나님의 능력으로 부활하신 "주 예수 그리스도"를 우리에게 선물로 주셨습니다. 우리는 예수님을 마음으로 구원자로, 창조자로, 구속자로, 주권자로 믿고 영접하기만 하면 그 선물을 누구나 차별 없이 받을 수 있는 것입니다. 여러분은 하나님의 은혜를 아무런 대가 없이 얻을 수 있지만, 하나님으로서는 이 일을 위하여 엄청난 대가를 치르고 준비하신 것입니다. 성경은 한번 죽는 것은 사람에게 정하신 것히9:27이라고 말하고 있습니다. "우리가 세상에 아무것도 가지고 온 것이 없으매 또한 아무것도 가지고 가지 못하리니"딤전6:7라고 말씀하고 있습니다. 죽은 사람이 입는 옷을 수의壽衣라고 합니다. 수의에는 돈을 넣어갈, 권세를 가지고 갈, 사랑하는 가족들과 친구들을 데리고 갈 수 있는 주머니가 없습니다. 오늘 성경은 다음과 같이 말하고 있습니다. "너희가 십자가에 못 박은 이 예수를 하나님이 주와 그리스도가 되게 하셨느니라"고 하셨습니다. 왜 하나님께서 이렇게 하셨을까요? 그 이유는 죄인 된 저와 그리고 여러분을 위해서 하신 것입니다. 하나님은 "모든 사람이 죄를 범하였으매 하나님의 영광에 이르지 못하더니"롬3:23 말씀하셨습니다. 많은 사람은 하나님에게 다다르려고 수많은 노력을 합니다. 산속에서 수십 년의 수양과 고행을 통해, 세상 속에서 고통받는 이웃을 돕는 선행을 통해, 상아탑에서 수많은 책을 통한 지식과 교양을 통해, 세상 가운데 떵떵거리고 큰소리칠 수 있게 하는 돈과 명예를 가지고 하나님께 나아가려고 시도합니다. 그러나 이러한 것으로는 하나님께 나아갈 수 없습니다.

저에게는 아들이 있습니다. 이제 초등학교 1학년인 성종이와 유치원에 다니는 여섯 살 명종이가 있습니다. 몇 해 전 아이들을 데리고 마트에 갔을 때의 일입니다. 장난감 코너에서 장난감을 구경하고 제법 큰 것을 집어 들었습니다. 가격이 오만 원 정도 하였습니다. 그래서 저는 "명종아! 그것을 사려면 돈이 많이 필요해"라고 말했습니다. 그때 명종이는 "아빠, 나 돈 있어" 하면서 주머니에서 300원을 꺼냈습니다. 우리가 하나님께 속한 영원한 생명을 얻으려고 내어 보일 수 있는 것은 명종이가 꺼낸 몇 개의 동전과 같은 것입니다. 하나님이 주시는 생명의 선물은 우리의 선행이나 노력으로 얻을 수 있는 것이 결코 아닙니다.

성경은 우리에게 다시 말씀하고 있습니다. "하나님이 세상을 이처럼 사랑하사 독생자를 주셨으니 이는 저예수를 믿는 자마다 멸망치 않고 영생을 얻게 하려 하심이니라"요3:16 죄 가운데 있는 우리를 너무나도 안타까워하셨기 때문에 그토록 소중하고 아끼시는 하나님의 외아들 예수님을 대신 죽게 함으로 우리에게 영원한 생명을 얻는 길을 만들어 놓으셨습니다. 예수님은 우리에게 말씀하고 있습니다. "내가 곧 길이요 진리요 생명이니 나로 말미암지 않고는 아버지께로 올 자가 없느니라."요14:6 "영접하는 자 곧 그 이름을 믿는 자들에게는 하나님의 자녀가 되는 권세를 주셨으니"요1:12라고 약속하셨습니다.

저는 예수님을 믿는 가정에서 태어나서 자랐습니다. 어려서부터 교회를 열심히 다녔습니다. 그러나 교회를 오래 다녔어도 예수님이 계신지는 잘 몰랐습니다. 주변의 어른들과 친구들의 모습을 보면 예수님이 있는 것 같긴 했지만 제 안에는 어떠한 확신도, 체험도 없었습니다. 교회에서 학생회 임원도 했습니다. 그리고 눈 덮인 산에서 목이 쉬도록 기도도 해 보았습니다. 그러나 여전히 제 마음은 공허했습니다. 20살에 대학에 입학한 저는 예수님의 존재에 대해 깊이 고민하게 되었습니다. 하나님은 저의 그런 마음을 아셨는지 한 선배님을 만나게 하셨고 그분과 함께 성경을 공부하게 되었습니다. 1990년 10월. "영접하는 자 곧 그 이름을 믿는 자들에게는 하나님의 자녀가 되는 권세를 주셨으니"요1:12라는 성경 말씀이 제 안에 쑥 들어왔습니다. 이전의 모든 의심이 사라졌습니다. 저는 유레카를 외쳤던 고대 헬라의 철학자 아르키메데스처럼 '난 발견했다'고 외쳤습니다.

사랑하는 여러분! 저는 여러분이 저와 같이 예수님을 만나는 일이 있길 원합니다. 저는 여러분이 저와 같이 예수님을 생명의 주인으로 영접하길 소원합니다. 저는 여러분이 저와 같이 예수님을 체험함으로 하나님이 준비하신 영원한 천국을 소유하시길 도전합니다.

부록 3

씨 뿌리는 비유

"예수께서 다시 바닷가에서 가르치시니 큰 무리가 모여 들거늘 예수께서 배에 올라 바다에 떠 앉으시고 온 무리는 바다 곁 육지에 있더라 이에 예수께서 여러 가지를 비유로 가르치시니 그 가르치시는 중에 저희에게 이르시되 들으라 씨를 뿌리는 자가 뿌리러 나가서 뿌릴새 더러는 길가에 떨어지매 새들이 와서 먹어 버렸고 더러는 흙이 얇은 돌밭에 떨어지매 흙이 깊지 아니하므로 곧 싹이 나오나 해가 돋은 후에 타져서 뿌리가 없으므로 말랐고 더러는 가시떨기에 떨어지매 가시가 자라 기운을 막으므로 결실치 못하였고 더러는 좋은 땅에 떨어지매 자라 무성하여 결실하였으니 삼십 배와 육십 배와 백 배가 되었느니라 하시고 또 이르시되 들을 귀 있는 자는 들으라 하시니라"_막4:1~9

몇 년 전 전라북도 진안군 부귀면에서 농촌봉사 활동을 했습니다. 학생들과 함께 인삼밭으로 갔습니다. 인삼 밭 주인 아저씨는 저희가 해야 할 일 을 지시해 주었습니다. 저희가 해야 할 일은 바로 인삼밭에 있는 잡초를 제거하는 일이었습니다. 저희는 모두 흩어져서 한참을 일했습니다. 그리고 뽑은 잡초를 들고 왔습니다. 그런데 우리가 뽑은 대부분은 잡초가 아니라 인삼이었습니다. 우리는 잡초를 제거하러 왔다가 인삼을 제거하고 만 것입니다. 아저씨는 저희의 실수를 넓은 마음으로 이해해 주셨고 저희는 농촌에서 농사짓는 분들의 노고를 잠시나마 체험하는 귀한 경험을 얻고 돌아왔습니다.

여러분! 왜 저와 저희 학생들이 잡초가 아닌 인삼을 뽑는 실수를 했겠습니까? 바로 학생 대부분이 농촌에서 성장한 것이 아니라 도시 출신이기 때문입니다. 만약 농촌봉사활동을 갔는데 컴퓨터를 수리하는 것이었다면 오히려 쉬웠을 것입니다. 예수님께서 비유로 말씀하실 때에 농사에 관련된 내용이 매우 많이 나옵니다. 그 이유는 예수님의 비유 말씀을 듣던 사람 대부분이 농사짓는 일을 했기 때문일 것입니다. 약 2천 년 전에 주된 산업은 분명히 농업이었기 때문입니다. 예수님은 농사를 짓는 행위를 통해 믿음을 가르쳐 주셨습니다. 믿음은 단 몇 시간 만에 만들어지는 컴퓨터 조립과 같다기보다는 농부가 씨를 뿌리고 가꾸고 지킴으로 열매를 맺기까지 땀을 흘리고 인내함으로 기쁨으로 수확을 하는 농사의 원리와 같기 때문일 것입니다. 오늘 우리가 함께 읽은 본문 말씀은 씨뿌리는 비유로 농사와 관련된 예수님의 비유 말씀입니다. 그렇다면, 예수님께서 말씀하신 "씨뿌리는 비유"가 우리에게 주는 교훈은 무엇인지 살펴보도록 하겠습니다.

첫째, 씨뿌리는 비유의 교훈은 말씀을 듣는 사람의 마음 상태가 얼마나 중요한지 보여주고 있습니다. 본문 말씀 8절은 다음과 같이 말씀하고 있습니다.

"더러는 좋은 땅에 떨어지매 자라 무성하여 결실하였으니 삼십 배와 육십 배와 백 배가 되었느니라 하시고"

오늘 본문은 씨가 떨어진 여러 종류의 땅에 대하여 말씀하고 있습니다. 씨가 길가, 돌밭, 가시 떨기 그리고 좋은 땅에 떨어졌습니다. "길가"란 팔레스타인에서는 밭과 밭 사이로 나 있는 작은 통행로를 말합니다. 사람들이 항상 지나다니는 길이었습니다. 그래서 이 길은 단단하고 굳어져 있습니다. 또 "돌밭"은 흙 속에 바윗돌이 있어서 자연적으로 흙이 얇게 깔린 땅입니다. 그런데 예수님은 이 비유의 말씀을 통하여 씨는 곧 하나님의 말씀임을 가르쳐 주셨습니다. 그렇다면, 길가, 돌밭, 가시 떨기 그리고 좋은 땅은 무엇일까요? 이것은 말씀을 듣는 사람들의 마음 상태를 일컫는 말씀입니다. 누가복음 8장 15절은 다음과 같이 말씀하고 있습니다.

> "좋은 땅에 있다는 것은 착하고 좋은 마음으로 말씀을 듣고 지키어 인내
> 로 결실하는 자니라"

누군가가 "하나님의 말씀을 어디로 들어야 합니까?"라고 질문을 한다면 하나님의 말씀은 우리의 마음으로 들어야 한다고 성경은 가르치고 있습니다. 우리의 영으로 하나님의 말씀을 듣는다고 성경은 가르치고 있지 않습니다. 우리가 하나님의 말씀을 좋은 마음으로 들을 때 우리의 영은 비로소 살아나고 힘을 얻게 됩니다. 또 하나님의 말씀을 좋은 마음으로 들을 때 우리의 몸도 살아나고 힘을 얻게 됩니다.

예수님의 말씀을 듣고 성령을 기다리던 제자들은 오순절 마가의 다락방에서 강력한 성령세례를 받게 되었습니다. 그들은 성령의 충만함을 받고 성령이 말하게 하심을 따라 다른 방언으로 말하기 시작하였습니다. 베드로는 더는 자신들을 핍박하는 사람들을 두려워하지 않게 되었습니다. 오순절 절기를 지키려고 전 세계로부터 모여든 경건한 유대인들은 예루살렘 성전을 향해 모여들었습니다. 그때 베드로는 담대하게 일어나 하나님의 말씀을 선포하였습니다. 그 결과 회개하고 돌아와 세례를 받고 제자가 된 사람들이 삼천 명이나 되었습니다. 이 회심한 사람들은 오순절이 끝나고서도 집으로 돌아가지 않았습니다. 오히려 사도들의 가르침을 받아 서로 교제하고 떡을 떼며 기도하기에 온전히 힘을 썼습니다. 얼마나 풍성하고 좋은 모임이었겠습니까! 그러나 문제도 있었습니다.

회심한 3천 명의 사람들은 예루살렘에서 사도들의 가르침을 받고 생활하는 동안 그들이 가지고 왔던 모든 생활비를 다 써버리게 되었습니

다. 그래서 사도들과 예루살렘 교회 성도들은 순례객으로 예루살렘 와서 회심한 삼천 명에게 먹을 것을 제공하였습니다. 이 방법 역시 한계에 다다르자 예루살렘 교회 성도들은 자신의 모든 물건을 함께 사용하도록 내놓았고 또 재산과 소유를 팔아 각 사람의 필요를 따라 나누어 주었습니다. 그 중 대표적인 사람이 바나바라는 사람이었습니다. 사도행전 4:32~37절은 다음과 같이 말씀하고 있습니다.

> "믿는 무리가 한 마음과 한뜻이 되어 모든 물건을 서로 통용하고 제 재물을 조금이라도 제 것이라 하는 이가 하나도 없더라. 사도들이 큰 권능으로 주 예수의 부활을 증거하니 무리가 큰 은혜를 얻어 그중에 핍절한 사람이 없으니 이는 밭과 집 있는 자는 팔아 그 판 것의 값을 가져다가 사도들의 발 앞에 두매 저희가 각 사람의 필요를 따라 나눠 줌이러라 구브로에서 난 레위족인이 있으니 이름은 요셉이라 사도들이 일컬어 바나바 (번역하면 권위자)라 하니 그가 밭이 있으매 팔아 값을 가지고 사도들의 발 앞에 두니라"

그런데 사도행전 11:24절은 바나바에 대해서 다음과 같이 말씀하고 있습니다.

> "바나바는 착한 사람이요 성령과 믿음이 충만한 자라 이에 큰 무리가 주께 더하더라"

바나바는 마음이 좋은 사람이었습니다. 하나님은 그의 좋은 마음에 성령과 믿음을 충만케 하셨습니다. 그 결과 많은 사람을 주님께로 인도하게 되었습니다. 그렇다면, 좋은 마음이란 어떤 마음일까요? 좋은 마음을 가지고 있다는 것을 우리는 어떻게 알 수 있습니까? 좋은 마음이란 어떤 일을 할 때 그 동기가 순수합니다. 그 순수한 마음이 곧 행동으로 나타나게 됩니다. 우리는 그 사람의 동기와 행동을 통해 좋은 마음을 가졌는지 확인할 수 있습니다.

한편, 바나바의 이런 행동을 본 예루살렘 교회의 한 부부가 있었습니다. 바로 아나니아와 삽비라는 부부였습니다. 이들은 예루살렘 교회에 중직이었을 것입니다. 새로운 성도가 된 사람들을 섬기는 일에 모든 성도가 자신의 재산을 팔아 돕는 것을 보고 부담감을 느끼게 되었습니다.

사랑하는 성도 여러분!
교회에서 봉사하고 섬기려고 부담감을 느끼는 것은 좋은 일입니다. 그러나 다른 사람이 한다고 해서 모든 사람이 똑같이 섬길 수는 없습니다. 믿음의 분량대로, 주신 은사대로 섬기고 봉사하는 것입니다. 그런데 아나니아와 삽비라는 사람의 눈을 의식하는 신앙, 체면 신앙으로 가득하였습니다. 오히려 헌금하고 생색내려던 사람이었습니다. 성경에서 말하는 좋은 땅, 좋은 마음이 아닌 것을 대표적으로 보여주는 이 사건을 성경은 사도행전 5:1~6절을 통해 다음과 같이 말씀하고 있습니다.

> "아나니아라 하는 사람이 그 아내 삽비라로 더불어 소유를 팔아 그 값에서 얼마를 감추매 그 아내도 알더라 얼마를 가져다가 사도들의 발 앞에 두니 베드로가 가로되 아나니아야 어찌하여 사단이 네 마음에 가득하여 네가 성령을 속이고 땅 값 얼마를 감추었느냐 땅이 그대로 있을 때에는 네 땅이 아니며 판 후에도 네 임의로 할 수가 없더냐 어찌하여 이 일을 네 마음에 두었느냐 사람에게 거짓말한 것이 아니요 하나님께로다 아나니아가 이 말을 듣고 엎드러져 혼이 떠나니 이 일을 듣는 사람이 다 크게 두려워하더라 젊은 사람들이 일어나 시신을 싸서 메고 나가 장사하니라"

바나바, 아나니아와 삽비라부부는 예루살렘 교회에서 함께 신앙생활을 하던 사람들이었습니다. 함께 사도들의 가르침을 받고 하나님의 말씀을 들은 사람들이었습니다. 똑같은 말씀을 들었음에도 이렇게 차이가 나는 결과를 가져온 것은 바로 마음의 문제였습니다. 그래서 잠언 4:23절은 우리에게 말씀하고 있습니다.

> "무릇 지킬만한 것보다 더욱 네 마음을 지키라 생명의 근원이 이에서 남이니라"

사랑하는 성도 여러분!

하나님의 말씀을 듣는 우리의 마음 자세가 우리의 인생을 결정짓습니다. 하나님의 말씀을 듣는 우리 마음의 태도가 우리 교회의 미래를 결정짓게 됩니다. 오늘 비유의 말씀은 3절 "들으라"라는 말씀으로 시작해서 9절 "귀 있는 자는 들으라"라는 말씀으로 마치고 있습니다. 씨 뿌리는 비유가 무엇이냐 묻는다면 하나님의 말씀을 좋은 마음으로 듣는 것임을 우리에게 교훈하는 것입니다. 바로 씨뿌리는 비유의 교훈은 말씀을 듣는 사람의 마음 상태가 얼마나 중요한지를 보여주는 것입니다.

둘째, 씨뿌리는 비유의 교훈은 말씀을 듣지 못하도록 방해하는 요인들이 있음을 가르쳐 줍니다. 본문 말씀 4~7절은 다음과 같이 말씀하고 있습니다.

> "뿌릴새 더러는 길가에 떨어지매 새들이 와서 먹어 버렸고 더러는 흙이 얇은 돌밭에 떨어지매 흙이 깊지 아니하므로 곧 싹이 나오나 해가 돋은 후에 타져서 뿌리가 없으므로 말랐고 더러는 가시떨기에 떨어지매 가시가 자라 기운을 막으므로 결실치 못하였고"

성도님들께 질문하나 드리겠습니다. 길 가, 돌밭, 가시 떨기 위에 씨가 뿌려졌는데 길가에는 얼마큼의 씨가 뿌려졌겠습니까? 또 돌밭에는 얼마큼의 씨가 뿌려졌겠습니까?, 가시 떨기에는 얼마큼의 씨가 뿌리 졌겠습니까? 원어 성경을 보면 이 부분을 잘 알 수가 있는데 길가, 돌밭, 가시 떨기 위에 뿌려진 씨는 단수로 쓰였습니다. 즉 한 개의 씨가 뿌려진 것입니다. 반면 좋은 땅에 뿌려진 씨는 복수로 쓰여있습니다. 즉 여러 개의 많은 씨가 좋은 땅에 뿌려진 것입니다. 어떤 의미가 있겠습니까? 길가, 돌밭, 가시 떨기와 같은 마음의 상태에 있는 사람들에게 하나님의 말씀은 단 한 가지밖에 없습니다. 회개하고 돌아오라는 말씀만 있습니다. 최소한의 말씀 그러나 무시할 수 없는 경고의 말씀입니다. 왜 그렇습니까? 말씀을 듣고 회개하여 돌아오면 새롭게 변화되어 하나님이 주시는 풍성한 말씀을 통하여 풍부한 열매를 맺는 인생이 되기 때문입니다.

예수님을 만나려고 뽕나무 위에 올라갔던 사람을 기억하십니까? 그 사람의 이름은 삭개오입니다. 그는 세리장이었습니다. 즉 세무공무원이었습니다. 예수님 당시 백성에게 세금을 뜯어내려고 온갖 방법으로 괴롭혔던 사람들이었습니다. 그가 예수님을 만나 회개함으로써 새로운 인생을 살게 되었습니다. 삭개오는 예수님께 이렇게 말씀을 드렸습니다. "삭개오가 서서 주께 여짜오되 주여 보시옵소서 내 소유의 절반을 가난한 자들에게 주겠사오며 만일 뉘 것을 토색한 일이 있으면 사 배나 갚겠나이다"눅19:8라고 고백하였습니다. 예수님은 이러한 삭개오에게 "예수께서 이르시되 오늘 구원이 이 집에 이르렀으니 이 사람도 아브라함의 자손임이로다"눅19:9라고 답해 주셨습니다. 예수님은 그의 돈을 받으신 것이 아니라 회개하고 돌아온 그의 마음을 받으셨습니다. 한 개의 씨와 같은 말씀을 통해 회개하고 삭개오의 인생은 좋은 땅이 되어 풍성한 하나님 말씀의 씨를 품고 풍부한 열매를 맺으면서 살게 되었습니다.

그런데 씨가 땅에 떨어지자 열매를 맺지 못하도록 방해하는 요인들이 있다고 말씀하고 있습니다. 새들이 먹어버렸고, 돌밭 때문에 뿌리를 내릴 수 없었고, 가시가 씨의 기운을 막으므로 열매를 맺지 못하게 하였습니다. 예수님께서 이 비유의 말씀을 풀어주실 때 다음과 같이 말씀하셨습니다. 마가복음 4:15~19절은 다음과 같이 말씀하고 있습니다.

> "말씀이 길가에 뿌리웠다는 것은 이들이니 곧 말씀을 들었을 때에 사단이 즉시 와서 저희에게 뿌리운 말씀을 빼앗는 것이요 또 이와 같이 돌밭에 뿌리웠다는 것은 이들이니 곧 말씀을 들을 때에 즉시 기쁨으로 받으나 그 속에 뿌리가 없어 잠간 견디다가 말씀을 인하여 환난이나 핍박이 일어나는 때에는 곧 넘어지는 자요 또 어떤 이는 가시떨기에 뿌리우는 자니 이들은 말씀을 듣되 세상의 염려와 재리의 유혹과 기타 욕심이 들어와 말씀을 막아 결실치 못하게 되는 자요"

즉 하나님의 말씀을 듣고도 열매를 맺지 못하도록 방해하는 영적인 장애물이 있음을 말씀하고 있습니다. 그 첫째는 무엇입니까? 바로 사단입니다. 사단이란 대적자입니다. 마귀는 중상자 즉 중상모략하는 자라는 뜻입니다. 사단은 하나님의 말씀을 듣지 못하도록 대적하는 자입니다. 사단은 주님을 대적하고 사도들을 대적하고 성도들을 대적합니다. 그래서 성경은 마귀를 대적하라고 말씀하고 있습니다. 우리에게 주신 생명의 복음, 하나님의 말씀, 이 아름다운 것을 지키게 하기 위해서입니다. 두 번째 영적인 장애물은 육신입니다. 우리의 육신은 편한 것을 도모하기 때문입니다. 만약 육신만을 더 편하게, 육신만을 더 복되게, 육신만을 더 형통하게 만드는 것만 계속 추구한다면 이 역시 열매를 맺을 수 없게 됩니다. 마지막 세 번째는 세상입니다. 세상에 대한 사랑, 재물의 이익에만 탐하여 돈에 욕심을 부리는 사람은 영적인 열매를 결코 맺을 수 없습니다. 우리에게 삼대 적이 있는데 "사단, 육신, 세상"입니다. 그래서 우리에게는 보이지 않는 영적인 씨름, 영적인 전투가 있다고 성경은 말씀하고 있습니다. 에베소서 6:11~18은 다음과 같이 말씀하고 있습니다.

> "마귀의 궤계를 능히 대적하기 위하여 하나님의 전신 갑주를 입으라 우리의 씨름은 혈과 육에 대한 것이 아니요 정사와 권세와 이 어두움의 세상 주관자들과 하늘에 있는 악의 영들에게 대함이라 그러므로 하나님의 전신 갑주를 취하라 이는 악한 날에 너희가 능히 대적하고 모든 일을 행한 후에 서기 위함이라 그런즉 서서 진리로 너희 허리띠를 띠고 의의 흉배를 붙이고 평안의 복음의 예비한 것으로 신을 신고 모든 것 위에 믿음의 방패를 가지고 이로써 능히 악한 자의 모든 화전을 소멸하고 구원의 투구와 성령의 검 곧 하나님의 말씀을 가지라 모든 기도와 간구로 하되 무시로 성령 안에서 기도하고 이를 위하여 깨어 구하기를 항상 힘쓰며 여러 성도를 위하여 구하고"

사랑하는 성도 여러분!

우리의 신앙생활이 절대 호락호락하지 않은 이유는 우리의 믿음을 흔들고자 노력하는 영적인 세력들이 있기 때문입니다. 하나님은 졸지도, 주무시지도 않으시고 성도들을 돌보십니다. 마찬가지로 사단 역시 졸지도, 잠들지도 않고 두루 다니며 삼킬 자를 찾고 있습니다. 그래서 예수님은 씨뿌리는 비유의 교훈을 통하여 신앙을 흔드는 영적인 세력들에 대해서 가르쳐 주신 것입니다. "사단, 육신 그리고 세상" 즉 말씀을 듣지 못하도록 또 말씀을 들어도 열매 맺지 못하도록 방해하는 요인들이 있음을 우리에게 가르쳐 주는 것입니다.

셋째, 씨뿌리는 비유의 교훈은 우리가 말씀을 들어야 하는 궁극적인 이유가 열매를 맺으려는 것임을 가르쳐 주고 있습니다. 본문 말씀 8절은 다음과 같이 말씀하고 있습니다.

"더러는 좋은 땅에 떨어지매 자라 무성하여 결실하였으니 삼십 배와 육십 배와 백 배가 되었느니라 하시고"

예수님은 좋은 땅에 씨가 떨어져서 열매를 맺게 되었다고 말씀하셨습니다. 그렇다면, 삼십 배의 수확은 얼마나 될까요? 또 육십 배의 수확은 얼마나 될까요? 또 백배의 수확은 얼마나 될까요? 예수님 당시에 농사를 짓는 사람들이 큰 풍년을 맞게 되었다고 말할 때는 평소 소출에 7배가 나오면 큰 풍년농사를 지었다고 말하였습니다. 그런데 예수님의 말씀은 7배가 아니라 삼십 배를 말씀하셨을 때 사람들은 매우 놀랐을 것입니다. 왜냐하면, 그런 풍년은 들어본 적도 본적도 없었기 때문입니다. "와"하는 탄성이 듣는 사람들에게서 흘러나왔을 것입니다. 이제 "육십 배" 모두다 눈이 커졌을 것입니다. 그리고 "백배"를 말씀하실 때는 어떻게 반응을 해야 할지 몰랐을 것입니다.

우리는 달란트 비유를 통해 배를 남긴 사람들을 살펴보았습니다. 다섯 달란트 받은 자는 다섯 달란트, 두 달란트 받은 자는 두 달란트를 남겼습니다. 사업이나 장사를 하시는 분들은 배를 남기려고 얼마나 집중하고 생각하고 노력해야 하는지 실감이 날 것입니다. 그런데 평소에 배 이상도 아니고 7배를 수확할 수 있었다면 자신의 노력이상으로 하나님의 은혜라고 그는 감사드렸을 것입니다. 그러나 예수님의 말씀은 7배가 아니라 삼십 배, 육십 배 그리고 백배의 수확을 얻게 된다고 말씀하셨습니다. 우리에게 주시는 영적인 교훈이 무엇입니까? 하나님께서 일하시면 우리가 상상하는 그 이상의 역사가 일어난다는 것입니다. 우리가 온 힘을 다해야 합니다. 고민하고, 생각하고, 토론하고, 모르면 알려고 공부하는 이러한 온 힘을 다하는 노력이 필요합니다. 하나님께서는 모든 것이 합력하여 선을 이루도록 행하십니다. 우리가 반드시 기억해야 할 것은 우리의 수고와 노력 가운데 하나님의 은혜와 성령의 기름 부으심이 있어야만 삼십 배, 육십 배 더 나아가 백배와 같은 엄청난 영적인 열매를 맺을 수 있다는 사실입니다.

사랑하는 성도 여러분!
만약 우리의 마음이 길가와 같이 굳어 있다면 하나님은 반드시 말씀하실 것입니다. 호세아 10:12절은 다음과 같이 말씀하고 있습니다.

> "너희가 자기를 위하여 의를 심고 긍휼을 거두라 지금이 곧 여호와를 찾을 때니 너희 묵은 땅을 기경하라 마침내 여호와께서 임하사 의를 비처럼 너희에게 내리시리라"

우리의 묵은 땅과 같은 마음을 갈아엎지 않고서는 은혜의 단비가 땅속으로 스며들지 못하듯 우리의 마음속을 적실 수가 없습니다. 은혜의 단비는 스며들지 못하고 흘러내려 가서 여전히 묵은 땅으로, 열매 맺지 못하는 땅으로 남게 될 것입니다. 만약 우리의 마음이 돌밭과 같다면 돌을 거두어 내시기 바랍니다. 시간이 얼마가 걸리든 돌부터 거두어 모두 버려 버려야 합니다. 그렇지 않으면 길가와 같이 열매 맺지 못하는 땅으로 남게 될 것입니다. 만약 우리의 마음에 가시가 있습니까? 말씀의 기운을 막는 가시가 시퍼렇게 살아있다면 낫을 들고 모두 베어 내버리고 땅을 파서 뿌리를 뽑아 모두 불태워 버려야 합니다. 하나님의 말씀은 어떠한 검보다도 예리합니다. 성령의 불은 가시 떨기와 같은 모난 성품과 태도를 모두 태워버리실 것입니다. 열매를 맺으려면 하나님께 집중해야 합니다. 하나님께 집중하는 것이 무엇입니까? 누가복음 8:15절은 다음과 같이 말씀하고 있습니다.

"좋은 땅에 있다는 것은 착하고 좋은 마음으로 말씀을 듣고 지키어 인내
로 결실하는 자니라"

착하고 좋은 마음으로 하나님의 말씀을 듣는 것입니다. 그리고 들은 하나님의 말씀을 지키고 인내하는 것입니다. 하나님의 말씀을 지키는 과정에는 고난이 있고 대적자들이 버티고 있습니다. 그래서 인내가 필요한 것입니다. 이 모든 과정을 통하여 우리는 어떻게 됩니까? 반드시 열매를 맺게 될 것입니다. 우리 교회의 소망이 어디에 있습니까? 우리의 인간적인 실력으로는 아무런 영적인 열매를 맺을 수가 없습니다. 다만, 우리에게 주신 이 하나님의 말씀을 아멘으로 받고 하나님께서 좋은 땅이 되라고 하신 말씀을 따라 지금 우리의 마음 상태를 살피고 좋은 땅이 되도록 계속해서 노력하고, 노력하고, 노력해야 할 것입니다.

말씀을 맺겠습니다. 씨뿌리는 비유는 우리에게 무엇을 교훈하고 있습니까? 씨뿌리는 비유의 교훈은 말씀을 듣는 사람의 마음 상태가 얼마나 중요한지 보여주고 있습니다. 씨뿌리는 비유의 교훈은 말씀을 듣지 못하도록 방해하는 요인들이 있음을 가르쳐 줍니다. 씨뿌리는 비유의 교훈은 우리가 말씀을 들어야 하는 궁극적인 이유가 열매를 맺으려는 것임을 가르쳐 주고 있습니다. 하나님의 말씀이 사랑하는 교회와 모든 성도의 마음 안에서 풍성한 열매로 맺혀 하나님께서 보시기에 심히 아름다운 농장이 되길 간절히 바랍니다.

자라나는 씨의 비유

부록 4

"또 가라사대 하나님의 나라는 사람이 씨를 땅에 뿌림과 같으니 저가 밤낮 자고 깨고 하는 중에 씨가 나서 자라되 그 어떻게 된 것을 알지 못하느니라 땅이 스스로 열매를 맺되 처음에는 싹이요 다음에는 이삭이요 그다음에는 이삭에 충실한 곡식이라 열매가 익으면 곧 낫을 대나니 이는 추수 때가 이르렀음이니라"_막4:26~29

1월 28일. 청소년 수련회 저녁집회를 준비하고 있었습니다. 평택에서 영어 교사를 하는 후배에게서 전화가 왔습니다. 자기가 전도하고 양육했던 제자들과 교회후배들이 이단에 빠져 성경공부를 하고 있다는 것입니다. 그래서 그 친구들을 만나서 상담을 해주도록 저에게 부탁했습니다.

그리고 2월 1일 금요일. 저는 마치 전쟁터에 나가려고 총을 준비하는 심정으로 성경책 한 권과 원어 성경 한 권을 가방에 넣었습니다. 저녁 7시에 평택에 도착해 약속된 장소에서 세 명의 자매들을 만났습니다. 두 명은 벌써 대학을 졸업해서 직장에 다니고 있었고 한 명은 대학을 다니는데 현재 휴학 중이었습니다. 그들은 최근 문제가 되는 신천지에서 몇 개월씩 성경공부를 하는 중이었습니다. 어색한 분위기 속에서 몇 마디 나누고 그들의 질문을 받고 성경으로 답을 해 주었습니다. 저는 그들에게서 몇 가지의 질문을 받았습니다. 한 자매가 저에게 질문하였습니다.

"아담이 정말 최초의 사람인가요?"

신천지에서 아담이 인류 최초의 사람이 아니라고 배운 것입니다. 그 이유는 가인이 아벨을 살해하고 말하기를 하나님께서 살인한 가인을 쫓아내시게 되면 자신을 만나는 사람이 나를 죽일 것이라고 했기 때문에 아담과 가인 이전에 사람이 존재하고 있었다고 말하는 것이었습니다. 또 질문을 했습니다.

"아담을 정말 흙으로 만드셨다고 했는데 흙이 정말 우리가 말하는 흙으로 만드신 것입니까? 욥기에서 욥도 자신을 흙으로 만드셨다고 고백하고 있는데 아담만 흙으로 만드셨을까요?"

저에게 질문한 자매는 창세기 1장에 나오는 하나님의 창조사건은 그래서 사실이 아니라 비유라는 것이었습니다. 저는 성경을 펼쳐놓고 창세기와 욥기를 찾아서 그들이 말하는 성경구절을 찾아 정확하게 보여 주었습니다. 그 외에도 예레미야 3:14~15절을 인용하면서 예수님께서 재림하시기 전에 한 목자가 나타나서 참 진리의 말씀을 가르칠 것이 예언되어 있다고 배웠는데 그 의미가 무엇이냐고 저에게 질문했습니다. 그 순간 정말 한심한 마음이 들었습니다. 정말 요즘 표현으로 '쇼하고 있다'고 생각할 정도였습니다. 그 자매가 질문한 그 말씀에 대해서 다시 설명을 해 주었습니다. 그리고 마지막으로 이런 말을 해 주었습니다.

"무조건 성경을 가지고 공부한다고 해서 성경공부가 아닙니다. 성경을 어떻게 해석하고 우리의 삶에 적용하는 것이 올바로 될 때 올바른 성경연구, 성경공부가 됩니다."

그 자매는 제 설명을 듣고 고개를 끄떡이면서 말씀을 이해하게 되었습니다. 그리고 자신들을 그곳으로 인도한 사람들의 거짓말에 속았다는 사실에 심각한 분노를 느끼게 되었고 앞으로 어떻게 신앙생활을 해야 할지 또 성경을 어떻게 읽고 배워야 할지 혼란해했습니다. 결과적으로 그 세 명의 자매들은 모두 이단에서 배우는 성경공부를 중단하겠다고 눈물을 흘리면서 약속했습니다.

제가 오늘 설교 서두에 이 말씀을 드리는 이유는 우리가 성경을 읽고 공부하는 것이 중요한 일이지만, 이보다 더 중요한 것은 성경을 읽고 공부할 때에 어떻게 해석하고 우리의 삶에 어떻게 적용하는지가 훨씬 더 중요하다는 것을 말씀드리고 싶어서입니다. 소위 말하는 이단들 역시 성경을 가지고 공부하고, 우리 역시 성경을 공부합니다. "그러면 성경을 가지고 어떤 식으로든 공부하면 다 좋은 것일까요?" 절대 그렇지 않습니다. 성경 공부한답시고 잘못된 가르침을 받게 되면 심각한 상황에 부닥치게 될 수 있습니다. 벌써 이것에 대하여 성경이 말씀하였고 또 교회의 역사가 말해주고 있고 우리 주변의 여러 사례가 말해주고 있습니다.

특별히 우리가 성경에서 잘 이해해야 하는 것 중 하나가 천국 즉 하나님의 나라입니다. 오늘 본문 말씀을 우리가 흔히 죽으면 하나님 나라에 간다고 말할 때 사용하는 것으로 생각하면 본문을 이해하기가 어려워집니다. 성경은 우리에게 미래의 천국, 즉 주님께서 천상에서 예비하신 집을 가르치는 동시에 오늘 우리가 밟고 살아가는 이 세상 안에서의 현재적인 천국도 가르칩니다. 다른 말로 하면 그것은 지상에서의 하나님 나라입니다. 성경은 지상에서의 하나님 나라는 점점 확장되어 가는 것으로 가르칩니다. 우리가 하나님 나라를 말할 때 제일 중요한 것은 하나님 나라가 어디에 있느냐는 '영토', '장소'로서의 의미보다 '하나님의 다스리심, 하나님의 통치'라는 개념에 있습니다.

하나님이 다스리시는 곳이 하나님의 나라입니다. 우리가 한 국가를 이루는 세 가지 요소가 있다고 알고 있습니다. 국민, 주권, 영토. 사람들이 마음속에 예수 그리스도를 영접하고 하나님의 통치를 받기 시작할 때 그 사람들을 통해서 하나님이 통치하시는 통치권이 이 지상에서 확장되어 갑니다. 쉽게 말해서 예수 믿는 사람들이 많아지고 하나님께 순종하는 사람들이 많아질수록 하나님께서 통치하시는 하나님의 나라가 지상에서 빠른 속도로 확장되어 가는 것입니다. 오늘 본문에 나타난 하나님의 나라는 그런 측면의 하나님 나라로서 지상에서 하나님의 통치권이 임하고 다스림을 받는 백성으로서의 하나님나라를 말하는 것입니다.

자, 그렇다면 하나님의 나라에 대해 "자라나는 씨의 비유"를 통하여 몇 가지 교훈을 얻도록 하겠습니다.

첫째, 하나님 나라는 말씀을 통하여 자라고 성장하는 것입니다. 본문 말씀 27절은 다음과 같이 말씀하고 있습니다.

> "저가 밤낮 자고 깨고 하는 중에 씨가 나서 자라되 그 어떻게 된 것을 알지 못하느니라"

예수님의 말씀을 듣고 있었던 이스라엘 사람들에게는 정말 열렬하게 원하는 한 가지 소망이 있었습니다. 그것은 바로 하나님 나라가 임하는 것입니다. 마치 우리나라가 일제 36년 동안 지배를 받으면서 우리의 땅도 빼앗기고, 자주 국민으로 살아갈 수 있는 주권도 빼앗기고, 전쟁에 젊은 사람들이 강제징용되는 즉 백성을 빼앗기게 되었습니다. 그때 모든 사람이 그렇게도 원했던 것이 대한의 완전 자주독립이었습니다. 마찬가지로 이스라엘의 역사가 다른 나라의 지배 아래에 살던 역사였기 때문에 모든 이스라엘 사람들은 하루속히 하나님의 나라가 임하길 간절히 원했습니다. 앗수르, 바빌론, 페르시아, 헬라 제국의 지배를 받았습니다. 특히, 예수님의 말씀을 듣던 사람들은 로마제국의 지배 아래 있었습니다.

그런데 예수님께서 자신들이 그렇게도 원하는 하나님 나라에 대해 말씀하시는 것이었습니다. 눈이 커지고, 귀를 쫑긋 세우고 무슨 말씀을 하시는지 궁금했을 것입니다. 그중에서도 열심당원들의 눈빛은 분명히 달랐을 것입니다. 그들은 로마에 대항하여 게릴라전을 펼치며 하나님 나라가 속히 오도록 노력하던 사람들이었기 때문입니다. 그러나 예수님의 말씀은 그들이 기대하는 것과 아주 달랐습니다. 어찌 된 영문인지 씨, 농부, 땅 이야기만 하시는 것이었습니다.

그들이 기대했던 것은 과거 이스라엘의 위대한 왕 다윗과 같이 막강한 권세를 가지고 막강한 군대를 보유하며 영토를 확장했던 위대한 왕과 이스라엘 나라를 기대했던 것입니다. 메시야가 오시면 반드시 다윗의 자손으로 과거의 화려한 이스라엘의 명성을 일으키리라 생각했습니다. 이것이 바로 이스라엘 사람들이 꿈꿔왔던 하나님 나라였습니다. 그러나 예수님은 이스라엘 사람들이 기대하고 있던 하나님 나라를 말씀하지 않았습니다. 오히려 하나님 나라는 강력한 왕, 막강한 군대, 탁월한 정치력으로 이루어지는 것이 아니라 살아있는 하나님의 말씀으로 이루어진다고 가르치셨습니다. 그래서 씨를 비유로 말씀하신 것입니다.

씨는 하나님의 말씀을 상징합니다. 14절에 "뿌리는 자는 말씀을 뿌리는 것이라"고 말하고 있습니다. 하나님의 말씀은 살아있는 생명체입니다. 한 알의 씨가 땅에 떨어지면 반드시 씨가 썩는 과정을 거쳐야 합니다. 씨가 썩어야 많은 열매를 맺는다는 말이 빨리 이해가 되지 않을 수 있습니다. 바로 제가 그랬기 때문입니다.

'씨가 썩으면 어떻게 열매를 맺을 수 있지?'

그래서 우리는 학교도 다니고 과학도 배워야 합니다. 씨에는 배아라는 부분이 있습니다. 씨가 땅에 떨어지면 영양분을 땅에서 얻기 전까지는 공급받을 수 없습니다. 씨의 배아 주변에 있는 부분이 썩으면서 배아에 영양분을 공급하는 것입니다. 그러면서 씨는 땅에 뿌리를 내리게 되고 그 이후에는 땅의 영양분을 먹고 자라게 됩니다. 처음에 씨가 씨를 먹고 살지만 그다음에는 씨가 땅의 영양분을 먹고 자라는 것입니다.

마찬가지로 하나님의 말씀은 우리가 설교를 통해서 혹은 개인 성경공부를 통해서 성도들의 마음속에 뿌려지게 되는데 이때 우리의 마음속에 뿌려진 하나님의 말씀은 '보일 듯 말듯 조용히' 그러나 '끊임없이' 성장을 위해 움직이고 있다는 것입니다. 히브리서 4:12~13절은 다음과 같이 말씀하고 있습니다.

> "하나님의 말씀은 살았고 운동력이 있어 좌우에 날 선 어떤 검보다도 예리하여 혼과 영혼 및 관절과 골수를 찔러 쪼개기까지 하며 또 마음의 생각과 뜻을 감찰하나니 지으신 것이 하나라도 그 앞에 나타나지 않음이 없고 오직 만물이 우리를 상관하시는 자의 눈앞에 벌거벗은 것 같이 드러나느니라"

사랑하는 성도 여러분!

오늘 예수님의 비유 말씀이 우리에게 주는 가장 강력한 메시지는 바로 "하나님의 나라"가 "하나님의 말씀"과 깊은 관련을 맺고 있다는 것입니다. 인간의 어떠한 노력과 지식에 의해서 되는 것이 아니라는 것입니다. 그렇다면, 하나님의 말씀이 주어진 교회는 어떻게 세워지고 확산하고 확장되어 갈까요? 이것 역시도 하나님의 말씀에 의해서 가능합니다. 하나님의 말씀을 신뢰하는 성도들과 교회에 하나님의 능력이 나타나게 됩니다. 하나님의 능력이 나타나면 하나님께서 역사 하시는 일들을 보게 됩니다. 성령의 역사와 은사가 충만히 임하게 됩니다. 이것이 사도행전을 통하여 보여주시는 교회의 설립과 확산과 확장의 모습입니다. 바로 하나님 나라는 말씀을 통하여 자라고 성장하는 것입니다.

둘째, 하나님의 나라는 말씀을 받는 사람의 마음속에서 열매를 맺게 됩니다. 본문 말씀 28절은 다음과 같이 말씀하고 있습니다.

> "땅이 스스로 열매를 맺되 처음에는 싹이요 다음에는 이삭이요 그다음에

는 이삭에 충실한 곡식이라"

예수님께서 여섯 종류의 땅에 대해서 말씀하셨습니다. 길 가, 돌밭, 가시 떨기에 씨가 뿌려졌지만, 열매를 맺지 못하였습니다. 그러나 어떤 땅에서는 30배, 또 어떤 땅에서는 60배, 어떤 땅에서는 100배의 열매를 맺게 되었습니다. 곧 땅은 사람들의 마음을 상징합니다. 그런데 우리의 마음이 좋은 땅과 같다면 반드시 열매를 맺게 된다는 것입니다. 그래서 성경은 땅이 스스로 열매를 맺는다고 말씀하는 것입니다.

여기에서 말하는 땅은 분명히 "좋은 땅"일 것입니다. 좋은 땅에 뿌려진 씨는 땅에 뿌리를 내리고 있으므로 다음의 단계들을 거치면서 성장하게 됩니다.

"처음에는 싹이요 다음에는 이삭이요 그다음에는 이삭에 충실한 곡식이 되는 과정"

새삼스럽게 알게 된 것은 땅이 열매를 맺는다는 것입니다. 즉 우리의 심령 즉 성도의 마음이 열매를 맺는 것입니다. 그렇다면, 우리는 어떻게 해야 할까요? 우리의 마음 상태를 최상으로 유지해야 합니다. 하나님의 말씀이 우리의 삶 속에서 열매를 맺도록 심령이 하나님의 말씀인 씨를 잘 보존해야 합니다. 열매는 씨가 맺어주는 것이 아니라 우리의 마음속에 뿌려진 하나님의 말씀을 받은 여러분과 제가 맺는 것입니다.

사랑하는 성도 여러분!

하나님의 거룩하신 성령을 통하여 우리는 열매를 맺게 됩니다. 갈라디아서 5:22~23절은 다음과 같이 말씀합니다.

"오직 성령의 열매는 사랑과 희락과 화평과 오래 참음과 자비와 양선과 충성과 온유와 절제니 이같은 것을 금지할 법이 없느니라"

그래서 성경은 성령을 충만히 받으라고 말씀하고 있습니다. 에베소서 5:18절은 다음과 같이 말씀합니다.

"술 취하지 말라 이는 방탕한 것이니 오직 성령의 충만을 받으라"

그렇다면, 성령 충만하여 열매 맺는다는 증거가 무엇일까요? 방언입니까? 예언입니까? 병 고침입니까? 분명히 맞습니다. 성령이 충만하면 방언도 있고 예언도 있고, 병 고침도 있습니다. 그러나 성경은 성령 충만의 결과를 단순히 성령의 은사로 제한시키지 않습니다. 사도 바울은 성령 충만을 받으라고 말하고 은사에 대해 말하지 않았습니다. 아내와 남편과의 관계를 말씀하였습니다. "아내들이여 자기 남편에게 복종하기를 주께 하듯하라"엡5:22 "남편들아 아내 사랑하기를 그리스도께서 교회를 사랑하시고 위하여 자신을 주심 같이 하라"엡5:25 또 자녀와 부모와의 관계를 말씀하였습니다. "자녀들아 너희 부모를 주 안에서 순종하라 이것이 옳으니라"엡6:1 "또 아비들아 너희 자녀를 노엽게 하지 말고 오직 주의 교양과 훈계로 양육하라"엡6:4 또 종과 주인의 관계를 말씀하셨습니다. "종들아 두려워하고 떨며 성실한 마음으로 육체의 상전에게 순종하기를 그리스도께 하듯 하여"엡6:5 "상전들아 너희도 저희에게 이와 같이 하고 공갈을 그치라 이는 저희와 너희의 상전이 하늘에 계시고 그에게는 외모로 사람을 취하는 일이 없는 줄 너희가 앎이니라"엡6:9 그리고 마지막으로 마귀의 궤계를 대적하기 위하여 전신갑주를 입으라고 말씀하였습니다. 성령 충만은 우리의 마음속에 임하게 되며 하나님과의 관계와 사람들과의 관계 속에서 그 증거가 나타나게 됩니다. 바로 하나님의 나라는 말씀을 받은 사람의 마음속에서 열매를 맺게 됩니다.

셋째, 하나님의 나라는 하나님께서 정하신 시간에 완성됩니다. 본문 말씀 29절은 다음과 같이 말씀하고 있습니다.

"열매가 익으면 곧 낫을 대나니 이는 추수 때가 이르렀음이라"

처음에는 싹, 다음에는 이삭, 그다음에는 충실한 곡식이 되어 가려면 반드시 '시간'이 필요합니다. 열매가 익기 전에 낫을 댈 수 없고 추수할 수 없습니다. 믿음은 삶의 과정 속에서 자라나는 것입니다. 밤의 추위도 지나야 합니다. 낮의 무더위도 견뎌야 합니다. 계절의 변화에도 맞서야 합니다. 예수님께서 오늘 우리에게 주시는 하나님 나라 비유의 큰 특징이 있는데 그것은 바로 '비닐하우스'를 고려하지 않는다는 것입니다.

씨는 땅에서 결코 그냥 자라지 않습니다. 메뚜기, 황충의 공격도 지나야 합니다. 이러한 시련과 위기, 곤란함 속에서도 하나님의 말씀은 믿는 성도 안에서 언제 어떻게 자랐는지 모를 정도로 자연스럽게 자라서 열매를 맺게 됩니다. 추수 때는 '시간'입니다.

성경에서는 시간을 가리키는 단어가 세 개가 있습니다. 하나는 흘러가는 시간으로서 '크로노스'가 있습니다. 또 하나님께서 일하시기 시작한 바로 그때, 그 시간을 의미하는 '카이로스'가 있습니다. 그리고 하나님께서 일하신 것이 드디어 때가 차고 무르익은 최상의 상태가 된 그 시간을 '플레루'라고 말합니다.

오늘 본문 말씀 마지막 절은 원어의 의미를 더욱 살려 해석한다면 벌써 무르익은 상태가 되어버렸다는 것입니다. 하나님의 나라가 확산하고 확장되기 위하여 들판에 추수할 영혼들이 이미 무르익어서 추수를 기다리고 있다고 주님은 말씀하는 것입니다.

사랑하는 성도 여러분!

우리는 하나님 나라의 확산과 확장을 위하여 주님의 몸 된 교회를 중심으로 복음을 전해야 합니다. 사람들을 교회로 인도하고 말씀을 가르쳐서 열매가 되도록 전도해야 합니다. 우리가 우리에게 주어진 사명을 감당하고 때가 차게 될 때 바로, 하나님의 나라는 하나님께서 정하신 시간에 완성하실 것입니다.

말씀을 맺겠습니다. 자라나는 씨의 비유를 통하여 하나님의 나라에 대해 우리가 얻어야 할 교훈은 무엇입니까? 하나님 나라는 말씀을 통하여 자라고 성장하는 것입니다. 하나님 나라는 말씀을 받는 사람의 마음 속에서 열매를 맺게 됩니다. 하나님 나라는 하나님께서 정하신 시간에 완성됩니다. 하나님의 다스리심이 여러분의 심령과 우리 교회 안에 가득하시길 간절히 바랍니다.

바른 신앙생활 세미나 안내(이단 세미나)

1. 강사 : 김주원(제자들선교회 광주지구 대표)

2. 대상 : 1) 청소년
   2) 청년대학부
   3) 교회 장년부
   4) 캠퍼스 선교단체
   5) 신학교

3. 강의 특징
   - 영상자료 및 이단교재
   - 홍보물 소개
   - 교회 피해사례 소개
   - 대학가 이단활동 소개
   - 이단별 주요 교리 비판
   - 이단의 분별 및 대처요령

4. 문의
   - 전화 : 02)856-0370 / 070-8202-8193 제자들선교회(DFC)
   - 이메일 : dog-sound71@hanmail.net